Fachhochschule Aachen

Campus Jülich

Fachbereich 10: Energietechnik

Studiengang Maschinenbau,
Vertiefungsrichtung Energie- und Klimaschutzmanagement

Titel der Bachelorarbeit: Erstellung einer Roadmap für ein neuentwickeltes Softwareprodukt zur Digitalisierung von großflächigen Photovoltaik-Energie-Carports

Bachelorarbeit von Kljajic-Peric, Nikola

Jülich, März 2023

Inhaltsverzeichnis

Abbildungsverzeichnis

Tabellenverzeichnis

© 2023, Nikola Kljajic-Peric

Herstellung und Verlag: BoD – Books on Demand, Norderstedt

ISBN: 9783749481927

Abkürzungsverzeichnis

DBMS	Datenbankmanagementsystem
EEG	Erneuerbare-Energien-Gesetz
EMS	Energiemanagementsystem
FB	Feature-Based
GO	Goal-Oriented
OD	Outcome-Driven
OF	Output-Focused
OKR	Objectives und Key Results
PV	Photovoltaik
SDLC	Software-Development-Life-Cycle
TB	Theme-Based

Kurzfassung

Im Projekt PV-eCarport entwickelt das Solar-Institut Jülich ein digitalisiertes Photovoltaik-Energie-Carport-System für großflächige Parkplätze. Der Fokus der Arbeit liegt dabei auf der Vernetzung der Teilsysteme und der Entwicklung einer digitalen Lösung für die Steuerung und das Energiemanagement der Anlage. Im Rahmen dieser Bachelorarbeit wird eine Roadmap entwickelt, in der die einzelnen Entwicklungsschritte hin zu einem marktreifen Softwareprodukt strategisch dargestellt werden.

Für die Darstellung der Weiterentwicklung der digitalen Lösung werden zunächst verschiedene Roadmap-Arten untersucht und verglichen. Darauffolgend wird ein methodischer Ansatz zur strukturierten Roadmap-Erstellung aufgezeigt. Dieser wird im Anschluss mit dem ausgewählten Roadmap-Typ visuell umgesetzt.

Im Rahmen dieser Arbeit wurde für diese Arbeit die Theme-Based-Produkt-Roadmap ausgewählt. Diese bietet die Möglichkeit, die Produktentwicklung sowohl kurz- als auch mittel- und langfristig darzustellen, sowie den aktuellen Entwicklungsstand der Features anzugeben. In dieser Roadmap werden Themes sowie notwendige Goals und Features in einer Zeitleiste abgebildet. Dabei sind Themes die System- und Anwenderanforderungen an das Produkt. Erstere (hier Funktionalität, Sicherheit, Effizienz, Wart-/Änder-/Benutzbarkeit, Kompatibilität und Übertragbarkeit) beziehen sich auf die Entwicklung des Produkts und deren Features bis hin zur Fertigstellung. Bei dem Theme der Anwenderanforderung (hier Produktlaunch und Vermarktung) liegt der Fokus auf der Realisierung der Bedürfnisse der Kunden und Partner. In der Roadmap wird kurzfristig die Fertigstellung der digitalen Lösung mit Abschluss des Alpha- und Beta-Testings veranschaulicht, wohingegen die langfristige Darstellung die Marktplatzierung des Produkts und die Implementierung in Geschäftsmodelle enthält.

Abstract

In the PV-eCarport project, the Solar-Institut Jülich is working on a digitized photovoltaic energy carport system for large parking lots. Their development work focuses on networking subsystems and devising a digital solution for the control and energy management of the system. Within the scope of this bachelor´s thesis, a roadmap is created in which the individual development steps towards a market-ready software product are strategically presented.

To explore how the digital solution may be further developed, various types of roadmaps are first examined and compared with one another. This is followed by an explanation of the methodical approach to roadmap creation. The approach is then implemented visually with the selected roadmap type.

The Theme-Based-Product-Roadmap was selected because of its ability to represent product development in the short, medium, and long terms. It can also indicate the current development status of features. The TB-Product-Roadmap presents the themes as well as the necessary goals and features in a timeline. Themes are requirements for the product and are divided into two categories: system and customer requirements. The system requirement themes (here functionality, security, efficiency, maintainability/modifiability/usability, compatibility and portability) relate to the completion of product development. The customer requirement theme (here product launch and marketing) focus on realizing the needs of customers and partners. In the short term, the roadmap illustrates the completion of the digital solution with the completion of alpha and beta testing, whereas in the long term, it illustrates the product´s market launch and implementation into business models.

1 Einleitung

Die Europäische Union sieht für das Jahr 2050 Klimaneutralität vor [1, S. 8]. Diese wird angestrebt, um mögliche auftretende *Kipppunkte* zu stoppen sowie das Ausmaß des Klimawandels zu begrenzen [2, S. 649-653]. Damit dieses Ziel realisiert werden kann, müssen flächendeckend und sektorenübergreifend Treibhausgasemissionen reduziert werden [3, S. 1].

Ein großer Teil der emittierten Treibhausgase wird dabei durch den Verkehrssektor verursacht. Um dieses Problem anzugehen, sind entsprechende Ansätze umzusetzen. Eine nachhaltige Lösung zur Reduzierung der Treibhausgasemissionen stellen der Ausbau der Elektromobilität und die gleichzeitige Abkehr von fossilen Brennstoffen sowie Verbrennungsmotoren dar [1, S. 3]. Mit einem zunehmenden Ausbau der Elektromobilität steigt dabei auch der Bedarf an regenerativer Stromerzeugung sowie einer ausgebauten Ladeinfrastruktur [4, S. 2].

Die regenerative Stromerzeugung kann durch die effektive Nutzung versiegelter Flächen gefördert werden. Letztere sind beispielsweise Parkplätze, die ausgedehnt Platz in Anspruch nehmen. Um diese Flächen nachhaltig zu nutzen, können Carports mit Photovoltaik (PV)-Modulen installiert werden. Durch das zusätzliche Anbringen von E-Ladestationen wird dabei auch die Ladeinfrastruktur für Elektrofahrzeuge ausgebaut [5, S. 1]. Des Weiteren kann die Anlage – bestehend aus PV-Carports, Ladestationen sowie E-Autos – als virtuelles Kraftwerk fungieren. Die Batteriespeicher der E-Fahrzeuge können dabei neben dem Laden auch dafür genutzt werden, Netzschwankungen auszugleichen. Somit wird bei einer Überlastung des Netzes Strom in die Batterien eingespeichert und umgekehrt bei Engpässen im Netz Strom aus den Batteriespeichern bezogen und eingespeist [4, S. 1]. Durch den Einsatz eines intelligenten Energiemanagementsystems wird dabei sichergestellt, dass das System wirtschaftlich und nachhaltig betrieben und gesteuert wird.

In der vorliegenden wissenschaftlichen Arbeit wird auf Grundlage einer theoretischen Ausarbeitung eine Roadmap für ein solches Energiemanagementsystem (EMS) entwickelt, das aktuell im Forschungsprojekt „PV-eCarport" am Solar-Institut Jülich der FH Aachen entwickelt wird. Das EMS ist eine digitale Lösung, die mehrere Softwareprodukte umfasst. Durch die Darlegung des Stands der Technik verschiedener Arten von Roadmaps kann eine Passende ausgewählt werden. Danach wird ein mehrstufiger Prozess beschrieben. In diesem werden – mittels eines Brainstormings in Teammeetings – Anforderungen an das Produkt ermittelt, die in die Roadmap implementiert werden können. Im letzten Schritt werden die Anforderungen zusammengetragen und grafisch dargestellt. Das Ziel ist es, die Produkt-Strategie sowie die Entwicklung der digitalen Lösung innerhalb eines bestimmten Zeitraums zu visualisieren.

2 Stand der Forschung

Im folgenden Kapitel wird zunächst der Begriff der Roadmap definiert und die verschiedenen Roadmap-Arten werden auf der Basis einer entsprechenden Literaturrecherche dargestellt. Im Zuge dessen wird veranschaulicht, welche Arten von Roadmaps es gibt und worin sie sich maßgeblich unterscheiden. Dies erleichtert zu einem späteren Zeitpunkt die Auswahl einer passenden Roadmap und gibt zudem einen generellen Überblick darüber, wie eine solche aussehen kann. Zudem wird beschrieben, wie eine Roadmap in die Phasen der Produktentwicklung eingefügt werden kann. Im Anschluss werden Entwicklungsmethoden einer typischen Software aufgezeigt und einander gegenübergestellt.

2.1 Übersicht verschiedener Roadmap-Typen

Das Ziel einer Roadmap besteht darin, einen generellen Überblick zur gezielten Entwicklungsrichtung eines Produkts oder einer Technologie strategisch darzustellen [6, S. 132-135]. Die Roadmap visualisiert, in welchem Stadium sich ein Produkt oder eine zu entwickelnde Technologie befindet, was die zukünftigen Zielsetzungen sind und mit welchen Methoden die jeweiligen Meilensteine erreicht werden sollen [7, S. 1-2]. Eine Roadmap steuert die Inhalte sowie die Zeiträume für die Umsetzung von Komponenten wie den Produktzielen und Features [8, S. 3409-3411]. Es gibt mehrere Roadmap-Arten, bei denen jeweils verschiedene Schwerpunkte und Herangehensweisen vertreten werden. In der Literatur wird dabei auf zwei Arten der Roadmap verwiesen. Dies sind die Produkt- sowie die Technologie-Roadmap.

2.1.1 Produkt-Roadmap

Phasen der Produktentwicklung

Bevor eine Produkt-Roadmap entwickelt und dargestellt werden kann, sind grundlegende Schritte notwendig. Diese werden in Abbildung 1 veranschaulicht.

Abbildung 1: Phasen der Produktentwicklung [9, S. 15]

In der Abbildung sind die vier Phasen einer Produktentwicklung zu erkennen. Zunächst wird dabei eine Vision definiert. Diese bildet den Grundbaustein der Produktentwicklung. Sie dient als „Nordstern" [10, S. 65], da sie sowohl das Entwicklungsteam als auch die Stakeholder in die passende Richtung weist. In der Produkt-Strategie werden im nächsten Schritt Ansätze aufgeführt, die zur Verwirklichung der Vision beitragen [11, S. 55]. Dazu gehört zunächst die Auswahl der Kriterien, die das Produkt erfüllen soll, – ebenso wie eine Marktanalyse. Anhand letzterer werden der potenzielle Kundenkreis sowie der Marktbereich definiert. Zudem werden Ideen für Features und Anforderungen an das Produkt gesammelt. Die Features sollten sich dabei von Konkurrenzprodukten unterscheiden und das Produkt somit – in Anlehnung an die in der Marktanalyse bestimmten Anwenderbedürfnisse – hervorheben können. Zuletzt sind strategische und realistische Geschäftsziele zu formulieren. Diese kommunizieren die Intention, die ein Unternehmen mit der Entwicklung des Produkts verfolgt. Die Phase der Produkt-Roadmap ist dabei systematisch mit der Produkt-Strategie verknüpft. Denn aus den Marktinformationen sowie den Geschäftszielen werden Produktziele abgeleitet und aufgeführt, die in die Roadmap integriert werden. Die Ziele präzisieren den Nutzen und den Wert des Produkts. Somit bestimmt die Produkt-Strategie den inhaltlichen Aufbau der Produkt-Roadmap (siehe Abbildung 2) [9, S. 14-15, 12, S. 112].

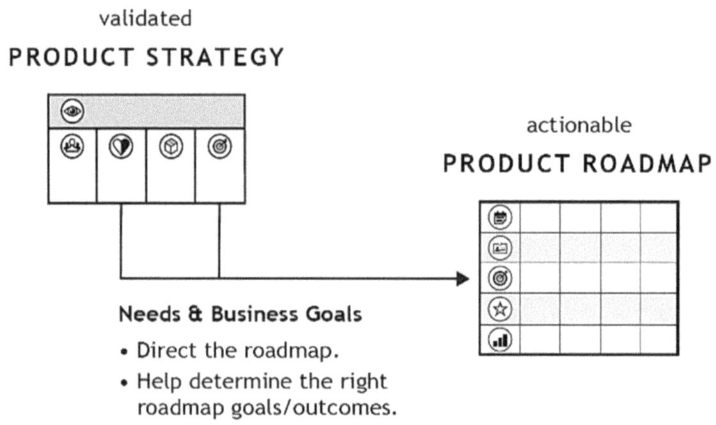

validated
PRODUCT STRATEGY

actionable
PRODUCT ROADMAP

Needs & Business Goals
- Direct the roadmap.
- Help determine the right roadmap goals/outcomes.

Abbildung 2: Produkt-Strategie bestimmt Produkt-Roadmap [9, S. 165]

In Abbildung 3 ist der Unterschied zwischen einer Produkt-Roadmap und einem Produkt-Backlog visualisiert. Erstere ist der strategische Produktplan, der eine visuelle Orientierung über die Entwicklungsrichtung des Ergebnisses vermittelt und in dem die wichtigsten Ziele und Features dargestellt werden. Das Produkt-Backlog hingegen ist der taktische Produktplan. In diesem wird die letzte Phase des Produktmanagements dargestellt. Das Backlog beinhaltet genaue Anwenderbedürfnisse und -anforderungen an das Produkt. Diese werden in den User-Stories veranschaulicht. Die sogenannten Epics beschreiben zudem eine große Anzahl an Funktionen des Produkts. Die Komponenten des Produkt-Backlogs werden dabei nicht in die Produkt-Roadmap implementiert. Durch das Einsetzen wäre diese zu detailliert und die Stakeholder würden den Überblick über die Produktentwicklung verlieren [9, S. 169-170, 13, S. 135-136]. Anhand der Informationen des Produkt-Backlogs erhält das Entwicklungsteam eine klare Vorgabe dazu, was die Wünsche und Anregungen der Anwender sind und an welchen Funktionen zukünftig gearbeitet werden muss [9, S. 165-167, 14, S. 84-88].

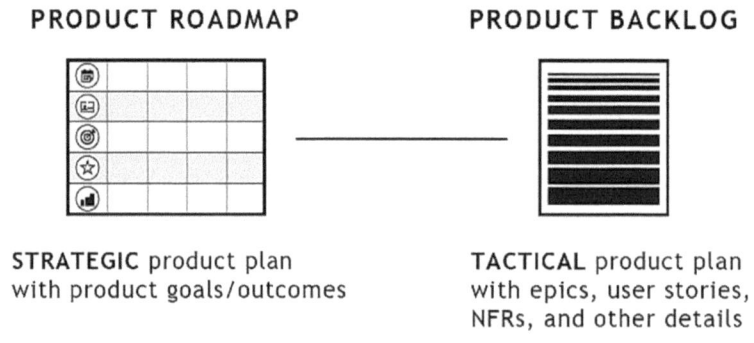

PRODUCT ROADMAP

PRODUCT BACKLOG

STRATEGIC product plan
with product goals/outcomes

TACTICAL product plan
with epics, user stories,
NFRs, and other details

Abbildung 3: Unterschied Produkt-Roadmap zu Produkt-Backlog [9, S. 166]

Produkt-Roadmap-Typen

Produkt-Roadmaps sind neben der Strategie ein zentraler Bestandteil im Prozess der Produktentwicklung (siehe Abbildung 1) [9, S. 14-15]. Sie sind strategische Koordinationsinstrumente, die die Richtung des Produktes mit *Stakeholdern* kommunizieren [10, S. 55, 15, S. 23-130]. Diese Art der Roadmap umfasst den Anwendernutzen sowie die -anforderungen und die Produktziele, jedoch weniger die Technologieentwicklung.

Es gibt verschiedene Arten von Produkt-Roadmaps mit unterschiedlichen Schwerpunkten. In der Literatur wird dabei zwischen traditionellen und agilen Produkt-Roadmaps unterschieden. Erstere können Feature-Based (FB) und Output-Focused (OF) sein. Zu letzteren gehören die Goal-Oriented (GO), Outcome-Driven (OD) und Theme-Based (TB) Produkt-Roadmaps [10, S. 62-67].

Eine traditionelle Produkt-Roadmap stellt die zu entwickelnden Komponenten dar (siehe Abbildung 4) [9, S. 162-163]. Darunter fallen Features und Produkte. Sie gibt jedoch keine Informationen über die Ziele und den Nutzen des Produkts. Die Zeiträume der Features und Produkte werden kurzfristig und detailliert auf einer Timeline aufgetragen. Grund dafür ist, dass Stakeholder und Betrachter der Roadmap durch die detaillierten Veröffentlichungsdaten genau erfahren, wann die jeweiligen Komponenten auf den Markt kommen [10, S. 62]. Die traditionelle Produkt-Roadmap ist für stabile Märkte geeignet. Nach den Meinungen einiger Autoren ist die traditionelle Produkt-Roadmap jedoch nicht für Software-lastige Geschäftsmodelle gedacht und geeignet, da diese zumeist in dynamischen Märkten zu finden sind. Letztere erfordern durch das sich stetig ändernde Kundenverhalten und die im Laufe des Produktentwicklungsprozesses neu implementierten Produktversionen und Features, Anpassungen der Roadmap-Inhalte. Die Struktur der traditionellen Produkt-Roadmap macht es jedoch – insbesondere aufgrund der fixierten und exakten Meilensteine und Veröffentlichungsdaten – schwierig, Änderungen vorzunehmen [7, S. 1-2, 10, S. 56, 16, S. 382].

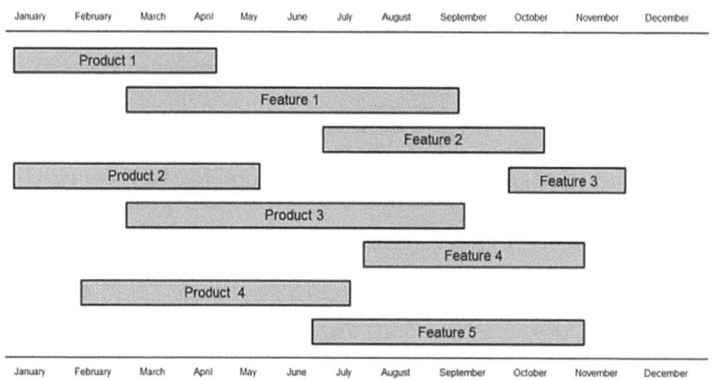

Abbildung 4: FB- und OF-Produkt-Roadmap [10, S. 63, 17, S. 205-211]

Bei den agilen Methoden zur Produkt-Roadmap-Entwicklung werden drei unterschiedliche Ansätze vertreten. In Abbildung 5 ist der von Roman Pichler vorgegebene Aufbau einer GO-Produkt-Roadmap dargestellt. Abbildung 6 illustriert eine beispielhafte GO-Produkt-Roadmap. Diese ist dabei nach den Vorgaben in Abbildung 5 erstellt und legt den Fokus auf die Produktgoals, also Zielen, die nach der *S.M.A.R.T-Methode* erstellt sind [9, S. 172, 18, S. 93-97]. Die Goals werden wiederum in Meilensteine unterteilt. Letztere sind in diesem Kontext Zeitfenster/-karten oder – analog zur FB- und OF-Produkt-Roadmap – detaillierte Timelines mit einem Start- und Enddatum, zu dem ein Produktfortschritt erfüllt sein soll [19, S. 142]. Anhand der Meilensteine kann beurteilt werden, ob das Produkt gemäß der Vision in die passende Richtung entwickelt wird. Die Produktfeatures werden dabei auf den Zielen aufbauend im Nachhinein bestimmt und aufgelistet. Dabei sollten drei bis fünf Features für jedes Goal bestimmt werden. Schließlich werden Vorgaben und Anhaltspunkte für das Erreichen der Goals in die Roadmap integriert. Anhand dieser kann nachvollzogen werden, in welchem Stadium sich die Goals befinden und wie der aktuelle Produktfortschritt ist [9, S. 173-175].

	DATE/ TIME FRAME	When will the goal be met?
	NAME	If meeting the goal results in a new major release or product version, what will it be called?
	GOAL	Which outcome should be achieved, or which specific benefit should be offered?
	FEATURES	Which output is required to achieve the desired outcome and meet the goal? What are the 3-5 key features or deliverables?
	METRICS	How can you tell that the goal has been met?

Abbildung 5: GO-Produkt-Roadmap [9, S. 173]

	1st quarter	2nd quarter	3rd quarter	4th quarter
📅	1st quarter	2nd quarter	3rd quarter	4th quarter
🏷️	Version 1	Version 2	Version 3	Version 4
🎯	Acquisition: Free app, limited in app purchase	Activation: Focus on in-app purchase	Retention	Acquisition: New segment
★	• Basic game functionality • Multiplayer • FB integration	• Purchase dance moves • Create new dances	• New characters and floors • Enhanced visual design	• Street dance elements • Dance competition
📊	Downloads: top 10 dance app	Activation, downloads	Daily active players, session length	Download

Abbildung 6: Beispiel einer GO-Produkt-Roadmap [10, S. 63]

Die nächste Form der agilen Produkt-Roadmap, die OD-Produkt-Roadmap, ist in Abbildung 7 dargestellt. Oben in der Abbildung sind dabei die strategischen Geschäftsziele in Form von Themes abgebildet. Diese erstrecken sich über einen längeren Zeitraum und sind hochrangige Anwender-/Systemanforderungen bzw. funktionale und technische Anforderungen [13, S. 51-53]. Erstere sind kundenfokussiert und beziehen sich demnach auf die Bedürfnisse der Stakeholder – insbesondere diejenigen der Anwender des Produkts – wohingegen bei den technischen Anforderungen der Fokus auf der Entwicklung des Produkts und deren Features liegt [13, S. 131]. Alternativ können statt der Themes auch die Outcomes oben angebracht sein. Letztere stellen den Geschäfts- und Anwendernutzen des Produkts dar, den das Team erreichen will [11, S. 141-147]. Unter den Themes bzw. Outcomes sind die Objectives und Key Results (OKR)-Goals angebracht. Die Objectives sind Anhaltspunkte für das Erreichen der Themes bzw. Outcomes. Die Key Results sind bei der OD-Produkt-Roadmap Feature- und Produkthypothesen. Mithilfe dieser wird abgeschätzt, ob die OKR-Goals erfüllt sind [20, S. 105-109].

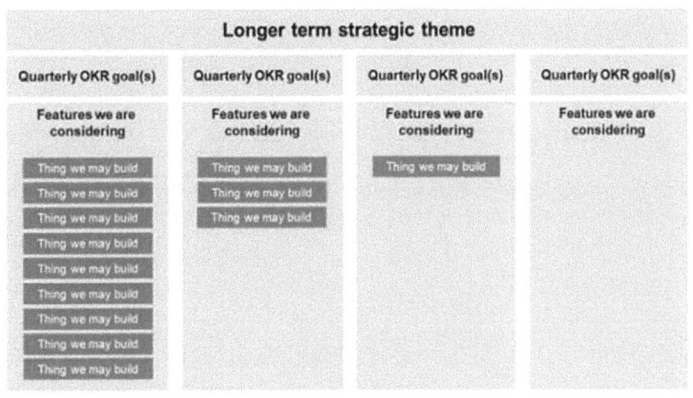

Abbildung 7: OD-Produkt-Roadmap [21, S. 1-4]

Zuletzt wird folgend die TB-Produkt-Roadmap vorgestellt (siehe Abbildung 8). Die Produkt-Vision ist bei diesem Ansatz über den Themes abgebildet. Sie ist handlungsweisend für die gesamte Produktentwicklung. Daher erstreckt sich die Produkt-Vision über den längsten Zeitraum und weist weder Start- noch Enddatum auf. Die Zeitfenster in der TB-Produkt-Roadmap sind weniger detailliert und langfristiger ausgelegt als bei der GO- und OD-Produkt-Roadmap. Damit hat das Entwicklungsteam mehr Spielraum für zukünftige Änderungen. Für jedes Theme gibt es zudem Goals sowie optional Features. Letztere können in der langfristigen Planung wegfallen oder grob aufgetragen werden. In der kurz- bis mittelfristigen Betrachtung können ebenfalls zentrale Meilensteine mit Angabe des Entwicklungsstandes dargestellt werden. Dieser wird implementiert, damit die Stakeholder eine bessere Orientierung bezüglich des Standes der Produktentwicklung erhalten. Die Integrierung von OKR-Goals wäre im Ansatz der TB-Roadmap ebenfalls möglich. Die Objectives sind in diesem Fall die Goals und sowohl die Features als auch der Entwicklungsstand/-zeitraum der Features stellen die Key Results dar. Anhand des Fortschritts der Key Results wird Betrachtern der Roadmap somit der aktuelle Stand der Goals kenntlich gemacht [13, S. 67-69].

Theme-based Product Roadmap

Product Vision
Perfecting people lawns and landscapes by perfecting water delivery

Timeframes →	Q1 2020	Q2 2020	2021	Future
Themes →	Indestructible Hose	Delicate Flower Management	Putting Green Evenness for Lawns	Infinite Extensibility
	Objectives: • Increase unit sales • Decrease number of returns • Decrease overall defects	Objectives: • Double ASP	Stage: Discovery	Objective: Pro Market
		Stage: Prototype		
	Features: • 20´& 40´ lengths • No-leak connection • No-kink armor	Severe Weather Handling	Extended Research	Fertilizer Delivery
		Objective: • Expansion	Stage: Discovery	Objective: Pro Market
	Stage: Pre-production	Stage: Materials Testing		

Disclaimer → Updated 04 April 2020, subjected to change without notice.

Abbildung 8: Beispiel einer TB-Produkt-Roadmap [13, S. 54-56]

Melissa Perri [11, S. 144-145] unterteilt bei Software-lastigen Produkten die Entwicklungsstände in vier Phasen:

1. Experiment-Phase
2. Alpha-Phase
3. Beta-Phase
4. Phase der allgemeinen Verfügbarkeit

Bei der Experiment-Phase geht es um die Evaluation einer Produktidee. Dabei wird in erster Linie durch Informationssammlung und nähere Analyse bestimmt, ob es sich lohnt, das Produkt in die Roadmap und somit in die weitere Produktentwicklung aufzunehmen. In dieser Phase wird noch kein Code erstellt. In der Alpha-Phase bzw. Alpha-Testing-Phase wird das Produkt einem definierten Anwenderkreis zur Verfügung gestellt. Das Produkt beinhaltet in der Alpha-Phase bereits einen Code sowie einen geringen Anteil an Features. Das Ziel ist die Kommunikation mit dem Kunden. Es wird geprüft, ob die Rezensionen seitens der Anwender zufriedenstellend sind oder ob einzelne Features geändert werden müssen. Die Beta-Phase respektive Beta-Testing-Phase ermöglicht es anschließend einer größeren Nutzergruppe, das Produkt zu testen. Zu diesem Zeitpunkt ist bereits sichergestellt, dass das Produkt aus Anwendersicht zufriedenstellend ist. Somit wird in dieser Phase bewertet, ob es auch aus technischer Sicht skalierbar ist. Durch den Release wird damit eine Risikominimierung gewährleistet. In der Phase der allgemeinen Verfügbarkeit ist das Produkt erstmals öffentlich anwendbar und im Markt präsent. Die TB-Produkt-Roadmap ist mit einem Disclaimer versehen. Dadurch wird kommuniziert, dass Änderungen ohne Absprache vorgenommen werden können. Dies schützt das Produktteam beispielsweise vor nicht eingehaltenen Versprechen bezüglich der Veröffentlichungsdaten [11, S. 144-145, 13, S. 53-80].

Auch die Struktur der Roadmap-Typen ist verschieden aufgebaut. In der Theorie gibt es mehrere Formate, wie eine Roadmap aussehen kann, dabei wird in der Literatur zwischen Timeline- und Kanban-Roadmaps unterschieden. Letztere bestehen aus einer Anzahl von Zeitfenstern/-karten, die mit Bezeichnungen versehen werden. Diese können beispielsweise „Next" oder „Future" sein. Sie sind variabel benenn- und einsetzbar und können sowohl eine detaillierte, als auch eine langfristige Darstellung der Produktentwicklung gewährleisten. Beispiele einer Kanban-

Roadmap sind in Abbildung 7 und Abbildung 8 zu sehen. Die Kanban-Roadmap wird im Kontext der Produkt-Roadmaps größtenteils bei OD- und TB-Roadmaps implementiert.

Abbildung 9: Beispiel einer Timeline-Roadmap [13, S. 148]

Ein weiterer Ansatz einer Roadmap-Struktur ist die Timeline-Roadmap (siehe Abbildung 9). Sie besitzt eine durchlaufende Zeitleiste. In diesem Ansatz können sich die Komponenten einer Roadmap zeitlich überschneiden. Die Timeline kommt größtenteils bei einer detaillierten, kurz- bis mittelfristigen Darstellung der Meilensteine mit Produktveröffentlichungen und fixen Daten zum Einsatz. Daher ist sie in Abbildung 4 bei der FB- und OF-Roadmap zu sehen.

Die Darstellung von Produktentwicklungen in einer GO-Roadmap kann sowohl mit Kanban- als auch Timeline-Roadmaps erreicht werden. Abbildung 5 verdeutlicht in der obersten Zeile, dass sowohl genaue Daten sowie Zeitfenster/-karten zum Einsatz kommen können. Im Fall der Visualisierung mit genauen Datenangaben ist – analog zur FB- und OF-Produkt-Roadmap – auf die Timeline-Roadmap zurückzugreifen. Im Beispiel der Abbildung 6 ist eine Kanban-Roadmap dargestellt, da Zeitkarten für die vierteljährliche Darstellung genutzt werden.

Wird der Detaillierungsgrad einzelner Roadmap-Komponenten in Abhängigkeit zu deren Implementierungszeit gesetzt, ergibt sich das in Abbildung 10 dargestellte Diagramm. Die Produkt-Vision ist dabei das Leitbild des Produkts [14, S. 93, 22, S. 29-30]. Somit begleitet sie dieses bis zur Fertigstellung. Neben der längsten Implementierungszeit weist die Produkt-Vision den niedrigsten Detaillierungsgrad auf. Themes geben Antworten darauf, welche Schritte und Maßnahmen notwendig sind, um die Produkt-Vision zu verwirklichen [13, S. 31]. Daher ist der Detaillierungsgrad dementsprechend höher. Die Themes werden zudem früher umgesetzt und verwirklicht, was auf eine kürzere Implementierungszeit schließen lässt. Outcomes hingegen geben Anhaltspunkte, ob und inwiefern die Themes erreicht sind. Sie sind aus diesem Grund detaillierter als die Themes und werden in kürzeren Abständen realisiert. Dies lässt wiederum auf eine kürzere Implementierungszeit schließen. Bei den Goals werden genaue Produktziele mit kurzen und überschaubaren Zeitabständen versehen. Outputs (Features) schließlich haben den höchsten Detaillierungsgrad. Sie präzisieren die Goals und verfügen zudem über die kürzeste Implementierungszeit, da Goals erst nach Vollendung mehrerer Features erreicht sind.

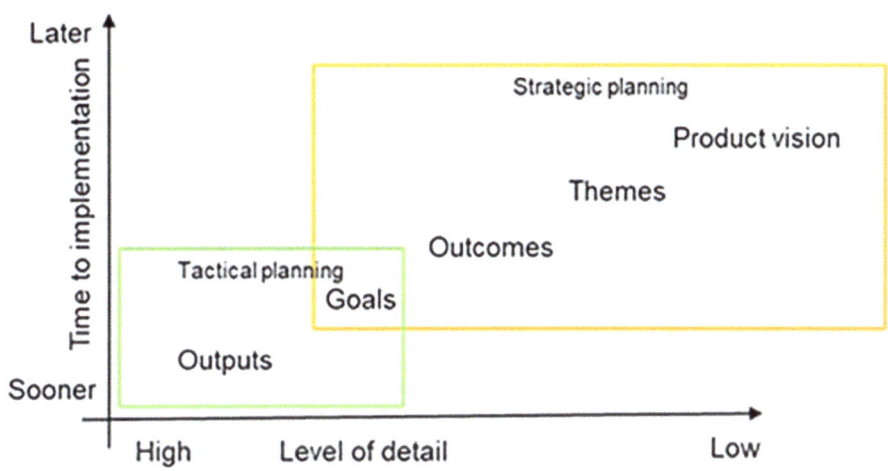

Abbildung 10: Roadmap-Elemente angeordnet gemäß ihres Detaillierungsgrads sowie ihrer Implementierungszeit [10, S. 61]

Abschließend werden in Tabelle 1 die verschiedenen Produkt-Roadmap-Formate verglichen. Diese unterschieden sich in ihrer Struktur sowie im Einsatz der Roadmap-Komponenten. Die FB- und OF-Produkt-Roadmap beinhalten lediglich die zu entwickelnden Komponenten. Die Miteinbeziehung der Anwenderbedürfnisse/-anforderungen und der Produktziele fehlen bei diesen Ausführungen. Bei der GO-Produkt-Roadmap werden die Produktziele genannt, jedoch gibt es ebenfalls keine Angabe des Anwendernutzens sowie der Anforderungen an das Produkt. Letzterer Aspekt wird sowohl von der TB- als auch der OD-Produkt-Roadmap abgedeckt. Bei der FB- und OF-Produkt-Roadmap gibt es präzise Meilensteine und Veröffentlichungsdaten. Die GO-Produkt-Roadmap kann zudem sowohl mit spezifischen Daten als auch mit Zeitfenstern in kleinen Quartalsabständen dargestellt werden. Die Zeitdarstellung bei der OD-Produkt-Roadmap ist hingegen langfristiger und ungenauer gehalten als bei der GO-Produkt-Roadmap. Die TB-Produkt-Roadmap weist ebenfalls eine weniger detaillierte Zeitdarstellung auf. Sie ist jedoch langfristiger und spekulativer als die OD-Produkt-Roadmap. Die Outputs (Features) können bei der TB-Produkt-Roadmap in der längerfristigen Planung wegfallen und sind in Tabelle 1 entsprechend als optional umklammert gekennzeichnet. Die OD-Produkt-Roadmap kann die Produkt-Vision und Themes aufführen. Die Implementierung genannter Elemente ist jedoch ebenfalls optional.

Roadmap formats	Product vision	Themes	Outcomes	Goals	Outputs	Specific dates
Feature-based roadmap					X	X
Goal-oriented roadmap				X	X	X
Outcome-Driven roadmap	(X)	(X)	X	X	X	
Theme-based roadmap	X	X	X	X	(X)	

Tabelle 1: Vergleich der Produkt-Roadmap-Arten [10, S. 67]

2.1.2 Technologie-Roadmap

In großen Teilen der Industrie hat sich die Technologie-Roadmap als „Planungs- und Visualisierungsmethode" [23, S. 48] etabliert. Ihr Fokus liegt auf der Technologieplanung sowie -entwicklung eines Produkts. Bei der Produkt-Roadmap hingegen steht anhand der Vision und durch die Miteinbeziehung der Stakeholder die langfristige Richtung des Produkts im Vordergrund. In der Technologie-Roadmap werden technologische Fragen strategisch in die unternehmerische Entscheidungsfindung integriert [24, S. 367].

Die traditionelle Technologie-Roadmap besteht aus drei Ebenen [23, S. 47-49, 25, S. 70-72, 26, S. 442-443]. Wie in Abbildung 11 zu sehen ist, sind diese der Markt, das Produkt sowie die Technologie. Die Roadmap wird dabei rückwärts entwickelt. Zunächst wird mit der Marktforschung und -analyse begonnen. Dort werden Marktentwicklungen, Gesetzesanpassungen sowie Veränderungen in den Anwenderanforderungen betrachtet. Anhand der durchgeführten Marktanalyse wird abgeschätzt und vorgegeben, wann ein Produkt in den Markt implementiert werden soll. Daraufhin ist zu analysieren, zu welchem Zeitpunkt entsprechende Technologien entwickelt werden müssen, um die Produkte rechtzeitig fertigstellen zu können. Die Timeline ist kurz-, mittel- bis langfristig auszulegen [23, S. 48]. Dabei ist der Detaillierungsgrad in der kurzfristigen Darstellung am höchsten. Langfristige Betrachtungen sind hingegen spekulativ und daher nur grob veranschaulicht. Schließlich werden Pfeile als stilistisches Mittel zur Verdeutlichung der Entwicklungsbeziehungen zueinander genutzt. Diese vereinfachen es, visuell die Integration der Technologie in die Produkte und Geschäftssysteme darzustellen [26, S. 443].

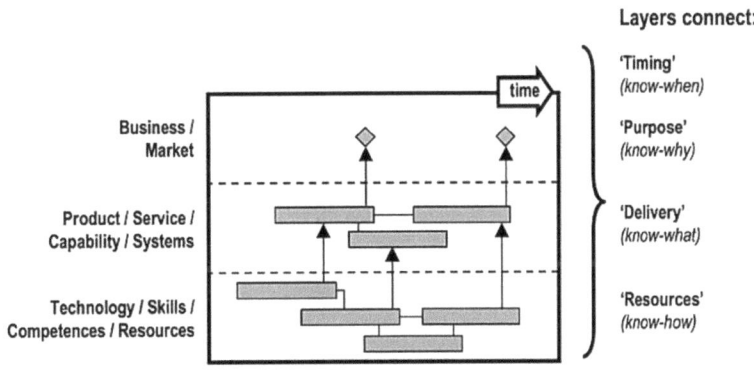

Abbildung 11: Technologie-Roadmap [27, S. 13]

Zur besseren Ideenfindung werden zu den aufgeführten Ebenen Workshops durchgeführt. In Abbildung 12 wird die Planung und Strukturierung des Ablaufs dargestellt. Sie umfasst vier strukturierte Workshops, bei denen sich Teilnehmer in den ersten drei mit den Schlüsselebenen der Technologie-Roadmap (Markt, Produkt und Technologie) befassen. Der letzte Workshop dient dem Aufbau der Roadmap, wobei eine Gesamtdarstellung der Ebenen in einer passenden Timeline im Fokus steht [24, S. 369].

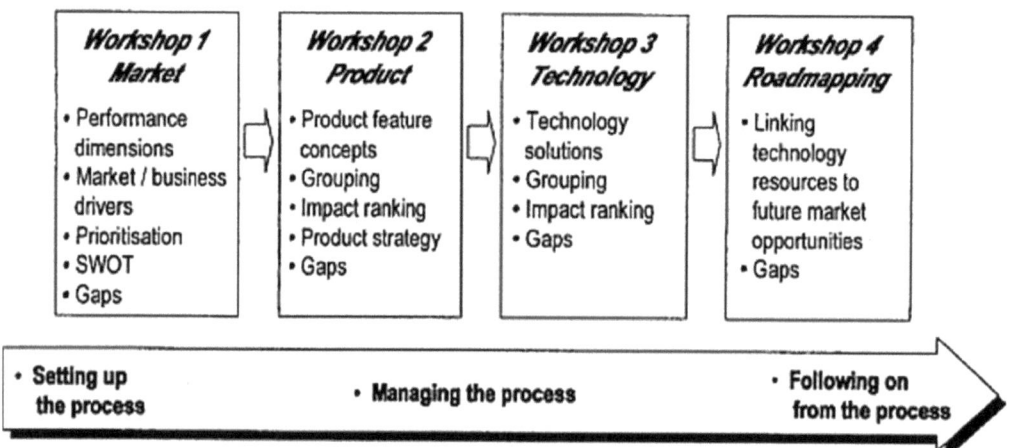

Abbildung 12: Workshops zur Erstellung einer Technologie-Roadmap [24, S. 369, 27, S. 12]

2.2 Entwicklungsmethoden ausführbarer Softwares

Da die Roadmap auf ein Softwareprodukt ausgelegt wird, ist es sinnvoll für die Orientierung, unterschiedliche Methoden zur Entwicklung von Software zu betrachten. Durch die Verwendung einer – für die digitale Lösung geeigneten – Entwicklungsmethode wird die Software nach den Bedürfnissen und Anforderungen der Stakeholder mit einem hohen Maß an *Integrität* fertiggestellt. Yu Beng Lau [28, S. 162-167] stellt zwei der am häufigsten von Systementwicklern verwendeten Softwareentwicklungsmethoden vor und vergleicht diese. Dabei handelt es sich um die traditionelle sowie die agile Methode.

Beide Ansätze sind sogenannte Software-Development-Life-Cycle (SDLC)-Methoden. Der SDLC ist ein Bestandteil der Softwareentwicklung, in dem die jeweiligen Systeme erstellt oder überprüft werden [29, S. 1]. Die Methode umfasst verschiedene Phasen. Diese erstrecken sich von der Vorentwicklungsanalyse bis zur Softwareprüfung und -bewertung nach Abschluss der Entwicklung.

2.2.1 Traditionelle Entwicklung

Softwareentwicklungsmethoden beruhen auf einer Reihe aufeinander folgender Schritte. Diese sind die Anforderungsdefinition, die Erstellung einer Lösung, der Prozess des Testings und die Bereitstellung der Software an Anwender und Dritte. Traditionelle Softwareentwicklungsmethoden erfordern dabei die Definition und Dokumentation eines stabilen Satzes von Anforderungen zu Beginn eines Projekts [28, S. 162].

Es gibt vier Phasen, die für die traditionelle Softwareentwicklungsmethode kennzeichnend sind (siehe Abbildung 13). Die erste Phase ist die Festlegung der Softwareanforderungen. In dieser wird die geplante Durchführungsdauer der einzelnen Entwicklungsphasen angegeben. Gleichzeitig wird versucht, eventuelle Probleme, die während des Projekts auftreten können, im Vorhinein zu bestimmen. Nach der Festlegung der Anforderungen folgt die Entwurfs- und Architekturplanungs-Phase. In dieser wird eine technische Infrastruktur in Form von Diagrammen oder Modellen erstellt. Diese bringt weitere potenzielle Probleme hervor, die im Laufe der Entwicklung auftreten könnten. Die Informationen dienen den Entwicklern zur besseren visuellen Übersicht. Sobald das Team die Entwurfs- und Architekturplanungs-Phase fertiggestellt hat, geht die Software in die

Entwicklungs-Phase. Dort wird der Code entwickelt. Diese Phase überschneidet sich häufig mit der Test-Phase, womit gewährleistet wird, dass Probleme frühzeitig entdeckt werden. Die Softwareentwicklung wird zudem in kleinere Aufgaben getrennt. Diese werden je nach Qualifikation der Entwickler unterschiedlich verteilt. Wenn sich das Projekt dem Abschluss nähert und das Team die Softwareanforderungen nahezu erfüllt hat, wird der Anwender in den Test- und Feedback-Zyklus einbezogen. Die Intention dahinter ist es, die Software nach den Vorstellungen und Bedürfnissen des Anwenders fertigzustellen [28, S. 162-163]. Die traditionelle Softwareentwicklungsmethode ist abhängig von einer Reihe im Vorhinein festgelegter Prozesse sowie der fortlaufenden Dokumentation. Letztere wird im Laufe der Arbeit immer wieder ergänzt und bestimmt die weitere Softwareentwicklung [30, S. 229-239]. Die traditionelle Softwareentwicklungsmethode zeichnet sich somit dadurch aus, dass alle Anforderungen vor Beginn der Arbeit am Produkt bekannt sind. Die Umsetzung von Änderungen während des Entwicklungszyklus ist dabei aufgrund dieser Festsetzung der Anforderungen umständlich [28, S. 162-163, 29, S. 1-4].

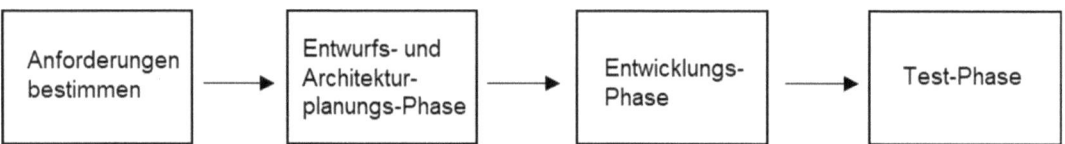

Abbildung 13: Phasen der traditionellen Softwareentwicklungsmethode

2.2.2 Agile Entwicklung

Die agile Entwicklungsmethode basiert hingegen auf einer inkrementellen und iterativen Entwicklung [31, S. 3-8]. Dabei werden die Phasen in Abbildung 14 innerhalb eines Entwicklungslebenszyklus bei jedem Modul immer wieder neu durchlaufen.

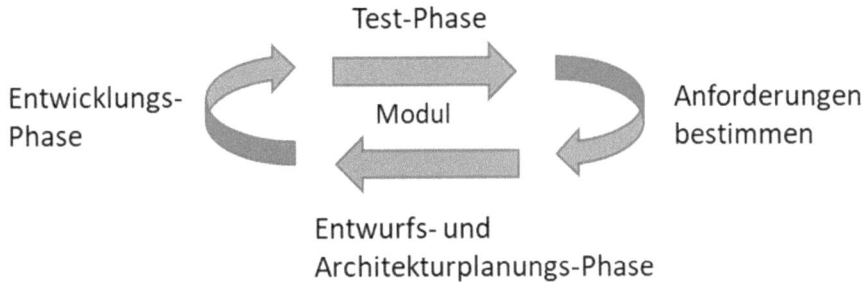

Abbildung 14: Darstellung der agilen Softwareentwicklungsmethode in Anlehnung an [29, S. 2]

Die Software wird dabei schrittweise optimiert, indem Anwenderfeedback zur Annäherung an Lösungen integriert wird [31, S. 4-8]. Es gibt in diesem Fall kein einziges großes Prozessmodell wie beim traditionellen SDLC. Der Entwicklungslebenszyklus wird stattdessen in kleinere Phasen unterteilt. Diese werden als *Inkremente* oder *Iterationen* bezeichnet [28, S. 163]. Zu den zentralen Merkmalen der agilen Entwicklungsmethode gehören vier Schritte [28, S. 163-164]:

- Frühzeitige Anwendereinbeziehung
- Iterative Softwareentwicklung
- Sich selbst organisierende Entwicklungsteams
- Anpassung an Veränderungen

Aktuell gibt es sechs Vorgehensweisen, die als agile Entwicklungsmethoden bezeichnet werden. Diese sind die *Crystal-Methode*, die dynamische Softwareentwicklungsmethode, die funktionsorientierte Entwicklung, die *Lean Software-Entwicklung*, *Scrum* sowie das *Extreme Programming*. [29, S. 4-7, 32, S. 833-859] In Tabelle 2 erfolgt eine detaillierte Gegenüberstellung der traditionellen mit der agilen Methode der Softwareentwicklung.

	Traditionelle Softwareentwicklung	Agile Softwareentwicklung
Benutzeranforderung	• Definition der Benutzeranforderungen vor Entwicklung	• Schrittweise Erfassung der Benutzeranforderungen
Entwicklungsrichtung	• Festgesetzte Entwicklungsrichtung	• Leicht änderbare Entwicklungsrichtung
Testing	• Während der Entwicklungsphase	• Bei jeder Iteration
Einbeziehung der Anwender	• Geringe Einbeziehung • In der Vorentwicklungsphase Anforderungsermittlung in Sitzung mit Stakeholdern • Während Entwicklungsphase keine Einbeziehung • Nach Fertigstellung der Software: Einfließen der Änderungswünsche von Anwendern	• Hohe Einbeziehung • Softwareentwicklung auf Basis der Kommunikation mit Anwendern • Änderungswünsche, Anregungen und Anforderungen fließen jederzeit in den Entwicklungsprozess ein • Fertigstellung der Software, wenn Anwender zufrieden sind
Zusätzliche Voraussetzungen für Entwickler	• Keine zusätzlichen Anforderungen an Entwickler	• Zwischenmenschliche und soziale/empathische Fähigkeiten
Geeignete Projektgröße	• Für große Projekte	• Für kleinere bis mittlere Projekte

Tabelle 2: Vergleich agile & traditionelle Softwareentwicklungsmethode in Anlehnung an [28, S. 165, 29, S. 7-8, 31, S. 3-9]

2.2.3 Phasen des Testings

Das Testen von Software ist ein großer Bestandteil des SDLC, von dem die endgültige Fertigstellung sowie die langfristige Qualitätssicherung des Produkts abhängen. Der Prozess des Testings findet während der Entwicklungsphase sowie in der Vor- und Nachentwicklung statt und sollte daher mit entsprechend effizienten Methoden und Techniken durchgeführt werden [33, S. 177].

Die vier grundlegenden Verfahren sind dabei Unit-, Integrations-, System- und Abnahmetests. Diese werden in sogenannten Prüfebenen durchgeführt, die analog als Unit-/Modul-, Integrations-, System- und Abnahmeebene bezeichnet werden. Neben der Prüfebene gibt es noch weitere Merkmale in der Testklassifikation. Das Prüfkriterium etwa gibt an, welche inhaltlichen Aspekte beim Testing überprüft werden. In der Prüfmethodik kann zwischen Black-, White- und Gray-Box-Tests ausgewählt werden und es wird veranschaulicht, mit welchen Methoden Testfälle entwickelt werden [33, S. 177-179, 34, S. 158-159, 35, S. 2]. Die beschriebenen Merkmale der Testklassifikationen sowie dazugehörige Komponenten sind in Abbildung 15 dargestellt.

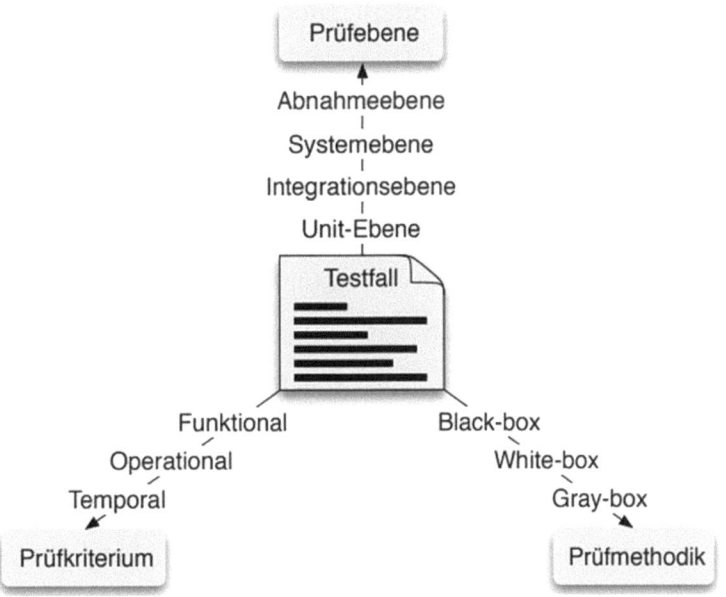

Abbildung 15: Merkmalsräume der Testklassifikation [34, S. 158]

Die Komponenten der Prüfebene sind abhängig von der Programmstruktur sowie der zeitlichen Entwicklungsphase (siehe Abbildung 16). Eine Software durchläuft dabei alle aufgeführten Tests während der Entwicklungsphase. Die Tests haben jeweils unterschiedliche Anwendungsbereiche.

Zunächst ist die Entwicklungsphase dabei programmorientiert und es werden Unit- und Integrationstests eingesetzt. Im späteren Verlauf wird bei den System- und Abnahmetests die Funktionalität des Produkts überprüft [34, S. 159].

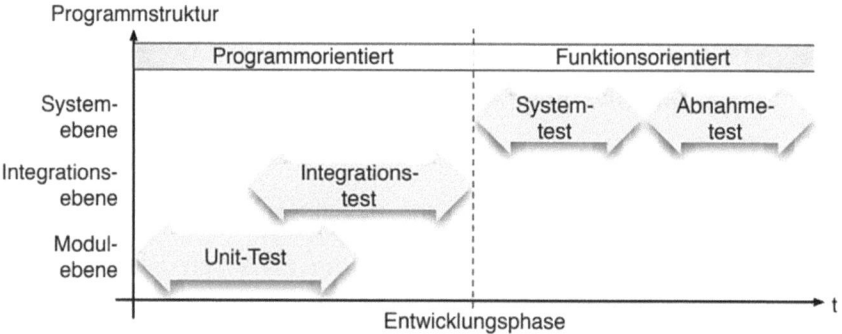

Abbildung 16: Prüfebenen und Testfälle [34, S. 159]

Bei den Unit-Tests wird die Softwareentwicklung in eine Reihe von Modul- oder Klassenverbünden unterteilt. Module sind dabei die kleinsten zu testenden Einheiten einer Software. Nach der Fertigstellung der Modul- oder Klassenverbünde werden diese vom Entwickler daraufhin getestet, ob sie den Erwartungen und Vorgaben entsprechend funktionieren [33, S. 177, 34, S. 159].

Bei den darauffolgenden Integrationstests werden die Programmmodule zu größeren Softwarekomponenten zusammengesetzt. Die Komposition der separat geprüften Module ergibt ein funktionsfähiges System. Dabei gibt es verschiedene Integrationsstrategien. Diese sind die Big-Bang-, die strukturorientierte- und die funktionsorientierte Integration. Bei der Big-Bang-Integration werden die Module zunächst vollständig konstruiert und anschließend alle zur selben Zeit implementiert. In der strukturorientierten Integration werden die Module inkrementell zu einem Gesamtsystem zusammengefügt. Die Auswahlreihenfolge der Integration der Teilkomponenten richtet sich dabei nach der Programmstruktur. In Abbildung 17 sind die Strategien der strukturorientierten Integration abgebildet. Diese unterscheiden sich in der gegebenen Eingangssituation der Modulplatzierungen. Die Module können dabei anfangs – wie bei der Bottom-Up-Integration – unten auf dem

Basisstrang gegeben sein und sich nach oben hin entwickeln. Entgegengesetzt verhält es sich bei der Top-Down-Integration. Dort ist die Integrationsrichtung von oben nach unten ausgerichtet. Eine Integration von innen nach außen (Inside-Out-Integration) und umgekehrt – wie bei der Outside-In-Integration – ist ebenfalls möglich.

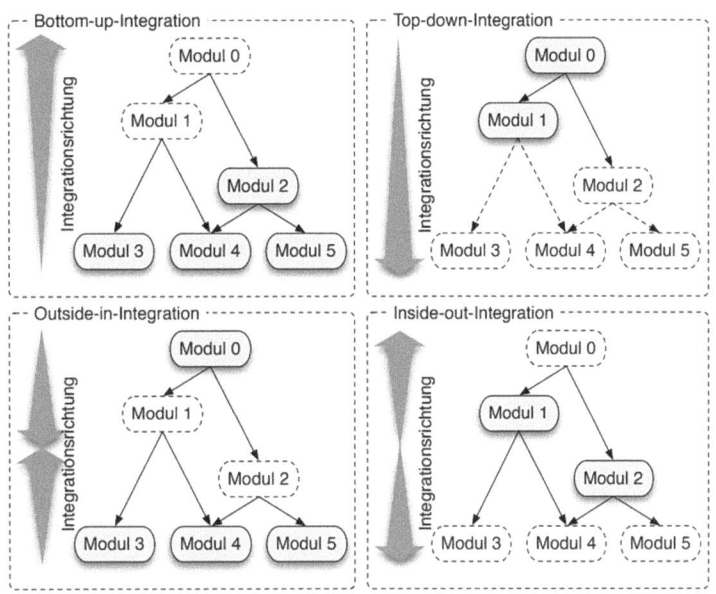

Abbildung 17: Integrationsstrategien der strukturorientierten Integration [34, S. 165]

Analog zur strukturorientierten Integration werden die Teilkomponenten auch bei der funktionsorientierten Integration inkrementell zu einem Gesamtsystem zusammengefügt. Die Auswahlreihenfolge wird bei dieser Methode jedoch durch funktionale oder operative Parameter bestimmt [34, S. 163-165].

Sobald alle Teilkomponenten eines Softwaresystems implementiert sind, wird der Testing-Prozess mit den Systemtests fortgeführt. Bei diesen wird, anders als bei den zuvor beschriebenen Unit- und Integrationstests, die gesamte Software geprüft [33, S. 177-178]. Dies geschieht im Hinblick auf die Einhaltung der im *Pflichtenheft* aufgeführten Vorgaben. Die interne Programmstruktur wird jedoch nicht betrachtet, der Fokus liegt stattdessen auf der Funktionalität der Software. Dabei nimmt der Software-Ingenieur die Position des Kunden ein und überprüft, ob die Vorgaben erfüllt und die im Pflichtenheft aufgeführten Eigenschaften gegeben sind. Der Systemtest wird oftmals in mehreren Phasen unterteilt. Im Bereich sicherheitskritischer Systeme erfolgt der Test inkrementell. Der Testaufwand sowie das eingegangene Risiko werden dabei in jeder Phase schrittweise erhöht.

Abbildung 18 zeigt die Phasen der System- und Abnahmetests am Beispiel eines Kfz-Steuergeräts. Zunächst wird das Produkt dabei durch Labortests geführt. Sollten sich alle Teilkomponenten wie erwartet verhalten, wird das Kfz-Steuergerät unter realen Bedingungen in einer Simulationsumgebung getestet. Wenn alle Labortests bestanden sind, folgt die nächste Phase. Dies ist die Erprobung des Produkts in einem realen Fahrzeug. Die Kurzfreigaben dienen dabei der Funktionsprüfung des Produkts unter realen Bedingungen. Nach erfolgreicher Kurzfreigabe erfolgt die Freigabe in Form von Testfahrten [34, S. 167-168].

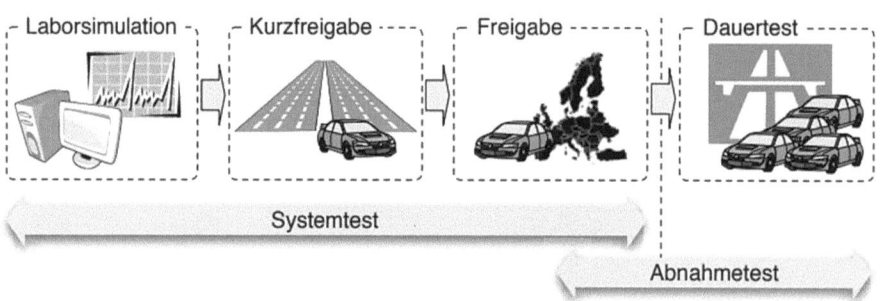

Abbildung 18: Phasen des System- und Abnahmetests anhand eines Beispiels [34, S. 168]

Im Abnahmetest werden schließlich analog zum Systemtest die Leistungsparameter des Softwaresystems mit den Vorgaben des Pflichtenhefts abgeglichen. Der Abnahmetest findet in der realen Einsatzumgebung des Kunden und mit entsprechend authentischen Daten statt. Durch die Einbeziehung des Kunden fällt es leichter, das Softwaresystem unter realen Gegebenheiten und Anforderungen des Auftraggebers zu überprüfen. Bei einem Softwareprodukt, das für den Massenmarkt ausgelegt ist, sieht es jedoch anders aus. Aufgrund der Anonymität der Kunden gibt es in solchen Fällen keinen Abnahmetest. Stattdessen werden Feldtests durchgeführt, die Alpha- und Beta-Tests beinhalten [34, S. 168-169].

Die Phase der Alpha-Tests ist die erste Testphase der Softwareapplikation in der Anwendungsumgebung des Herstellers. Diese Prüfungen werden von Testteams durchgeführt und nicht von den Entwicklern selbst. Die Alpha-Tests enden mit dem Einfrieren der Funktionen, sodass diesen nichts mehr hinzugefügt werden kann [35, S. 3-9, 36, S. 73-78]. Beta-Tests hingegen werden in der Anwendungsumgebung des Kunden vollzogen. Damit befindet sich das Produkt in der realen Zielumgebung. Die Beta-Version wird dabei für eine bestimmte Gruppe von Nutzern zu Testzwecken freigegeben. Diese werden als Beta-Tester bezeichnet, und die Anwendung kann als Prototyp der Software angesehen werden, der hauptsächlich zu

Demonstrationszwecken dient [33, S. 179]. Die finale Version der Software wird nach den Beta-Tests veröffentlicht [35, S. 8-12, 37, S. 31-34].

Ein weiteres Merkmal der Testklassifikation ist die Prüfmethodik. Zu letzterer zählen folgende Techniken: Black-, White- und Gray-Box-Tests [37, S. 32-34] (siehe Abbildung 19). White-Box-Tests prüfen die interne Programmstruktur der Softwareapplikation. Die Testfälle werden dabei aus der inneren Struktur hergeleitet. Beim Entwurf der Testfälle zur Durchführung von White-Box-Tests sind Programmierkenntnisse erforderlich [38, S. 78, 39, S. 5-9]. Die White-Box-Tests können auf allen Prüfebenen (Unit-/Modul-, Integrations-, System- und Abnahmeebene) angewendet werden. Diese Art der Prüfung wird auch als Sicherheitsprüfung bezeichnet. Sie dient dazu, festzustellen, ob die Informationssysteme die Daten schützen und die beabsichtigte Funktionalität aufrechterhalten. Black-Box-Tests hingegen sind eine Testtechnik, die im Wesentlichen die Funktionalität der Softwareapplikation prüft, ohne auf die Details der Implementierung einzugehen. Die Testfälle werden mithilfe des Ein- und Ausgabeverhaltens der Software bestimmt und aus der Anforderungs- und Schnittstellenbeschreibung hergeleitet. Die Tests werden dabei hauptsächlich so durchgeführt, dass jede einzelne Funktionalität der Softwareapplikation abgedeckt wird. Dies dient dazu, festzustellen, ob die Softwareapplikation die ursprünglich festgelegten Anforderungen des Kunden erfüllt. Gray-Box-Tests schließlich sind eine Kombination der White- und Black-Box-Prüftechnik. Die Testfälle werden dazu nach den Prinzipien des Black-Box-Tests spezifiziert. Der Tester kennt die interne Struktur der Softwareapplikation und kann daher die Funktionalität fachkundig prüfen. Das gegebene Wissen über die innere Programmstruktur fließt auch in die Testfallkonstruktion ein [33, S. 178, 34, S. 173-174].

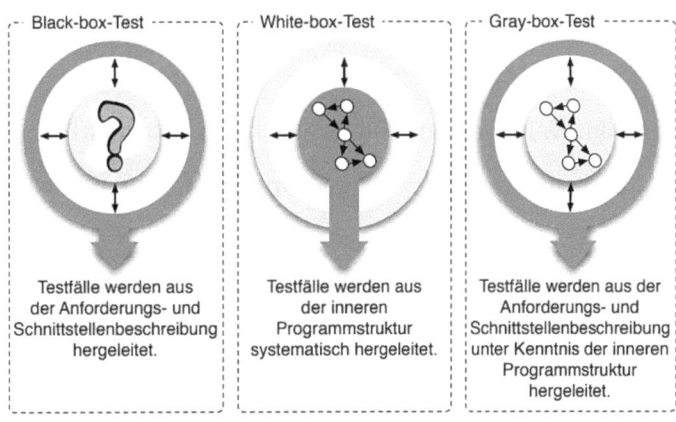

Abbildung 19: Prüftechniken [34, S. 174]

3 Methodik

Im vorherigen Kapitel wurden die verschiedenen Roadmap-Typen sowie deren Anwendungsfelder und Schwerpunkte beschrieben und verglichen. Darauf aufbauend wird in diesem Abschnitt das methodische Vorgehen beim Entwurf einer Roadmap für ein Softwareprodukt aufgezeigt.

Für den Entwurf und die Darstellung einer Roadmap ist es sinnvoll, der in der Literatur definierten Methodik zu folgen, um Fehlerquellen zu vermeiden und die Nachvollziehbarkeit für den Leser zu gewährleisten. In Anlehnung an Roman Pichler [9, S. 172-173] entstand der in diesem Kapitel vorgestellte Ablauf. Der Ansatz wird dabei individuell an das Softwareprodukt – die digitale Lösung – angepasst. Aufgeteilt in fünf Schritte, ergibt sich folgende Strukturierung:

1. Auswahl eines geeigneten Roadmap-Typs
2. Anforderungsermittlung
3. Priorisierung der Roadmap-Komponenten
   3.1 Themes
   3.2 Goals
4. Strukturauswahl und inhaltlicher Aufbau der Roadmap
5. Implementierung eines Zeitrahmens

Zunächst wird ein passender Roadmap-Typ für die digitale Lösung ausgewählt. Danach erfolgt die Ermittlung der konkreten Anforderungen an das Produkt, die durch die Roadmap-Komponenten wiedergegeben werden (Vision, Themes, Goals und Features). Die Anforderungsermittlung kann mithilfe verschiedener Methoden und Kommunikationswerkzeuge bewerkstelligt werden. Im vorliegenden Fall wurde auf eine zu Beginn des Projekts erstellte Anforderungsliste zurückgegriffen, wobei zu ergänzende Informationen durch ein internes Brainstorming ermittelt wurden. Im Anschluss werden die Anforderungen priorisiert. Dies erfolgt in mehreren Schritten, wobei die Themes zunächst anhand einer in der Literatur aufgezeigten Methodik priorisiert werden.

Nach Lombardo [13, S. 190-192] ergibt sich für die Wertermittlung der Themes folgende Formel:

$$Wert_{The} = System - oder\ Anwenderanforderung + Geschäftsziel$$

Die Wertermittlung der Themes setzt sich somit aus der Bedeutsamkeit der Anforderungen in Anbetracht der Erfüllung des Geschäftsziels zusammen. Die Priorisierung der Themes erfolgte im Rahmen eines Teammeetings. Anschließend werden die Goals nach ihrem Stellenwert geordnet und mit Features versehen. Die Priorisierung der Goals geschah dabei nach dem subjektiven Empfinden der Teammitglieder. Nach Abschluss der Priorisierung der Roadmap-Komponenten, erfolgt die Auswahl der Struktur der Roadmap. Letztere wurde in dieser Arbeit in Anlehnung an die Vorgaben und Informationen im Theoriekapitel erstellt. Danach wird erfasst, wie die einzelnen Komponenten inhaltlich passend und strategisch sinnvoll in die ausgewählte Struktur der Roadmap implementiert werden können. Im Anschluss folgt eine Evaluation, welcher Zeitrahmen in die Darstellung der Roadmap integriert wird.

4 Erstellung der Roadmap

4.1 Produkt-Vision

Das in der Roadmap darzustellende Softwareprodukt ist ein digitalisiertes Photovoltaik-Energie-Carport-System für großflächige Parkplätze. Durch die Installation von PV-eCarports können bereits versiegelte Flächen nachhaltig genutzt werden. Die Software ist für das Energie- und Lastmanagement des in Abbildung 20 dargestellten Systems verantwortlich. Das Photovoltaik-Energie-Carport-System besteht aus einer PV-Carport-Anlage, mehreren Ladepunkten (Ladesäulen und Wallboxes) für Elektrofahrzeuge, einem bzw. mehreren Wechselrichtern sowie stationären und zukünftig auch mobilen Batteriespeichern. Letztere sind dabei die Batterien der Elektrofahrzeuge. Durch die Möglichkeit des bidirektionalen Ladens kann das System als virtuelles Kraftwerk fungieren und so Netz- und Systemstabilität gewährleisten. Die Batterien dienen dann der Einlagerung überproduzierten Stroms und gleichen Schwankungen zwischen Erzeugung und Verbrauch im Stromnetz aus, indem sie Regelenergie bereitstellen. Bevor der Strom aus der PV-Anlage bzw. aus den Speichern in das Netz gespeist werden kann, kommt der Wechselrichter zum Einsatz, der den Gleichstrom aus den Solarmodulen in Wechselstrom umwandelt. Durch die Steuerung der Anlage mithilfe des Softwareprodukts kann das System somit sowohl als solare Ladestation zum Laden von Elektrofahrzeugen, als auch als virtuelles Kraftwerk zur Sicherung einer stabilen Stromversorgung genutzt werden [4, S. 1-2].

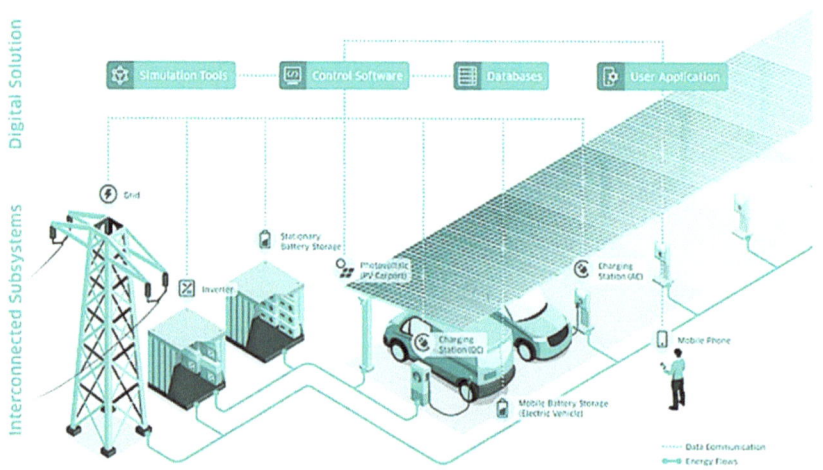

Abbildung 20: Im Projekt PV-eCarport betrachtetes Anlagensystem [4, S. 2]

Das langfristige Geschäftsziel der digitalen Lösung besteht in der Integration des Softwareprodukts in ein geeignetes und zuvor ausgewähltes Geschäftsmodell. Die digitale Lösung ermöglicht es, die unterschiedlichen Interessen der beteiligten Gruppen zu vereinen. Die Hauptinteressengruppen sind dabei, wie in Abbildung 21 veranschaulicht, der Netzbetreiber sowie die Parkplatz- und E-Fahrzeug-Besitzer. [4, S. 1].

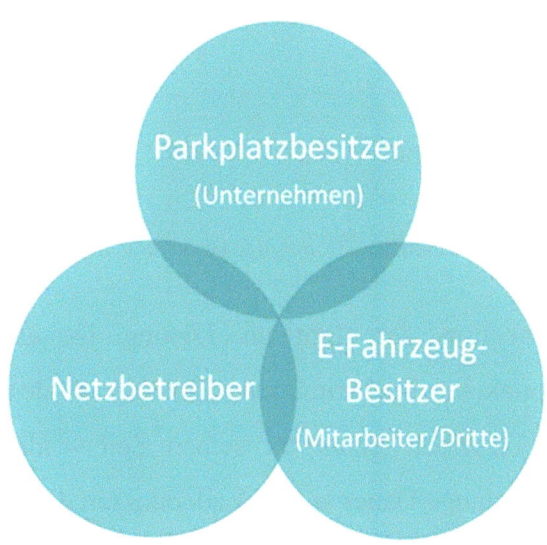

Abbildung 21: Hauptinteressengruppen der Gesamt-PV-eCarport-Anlage [4, S. 1]

Nach Auswertung von Fallstudien und Wirtschaftlichkeitsanalysen konnte die sogenannte „sonstige Direktvermarktung" (siehe Abbildung 22) als ein geeignetes Geschäftsmodell für den Betrieb einer PV-eCarport-Anlage identifiziert werden. Dies ist eine Vermarktungsform, bei der der produzierte Solarstrom durch einen Direktvermarkter an der Börse oder an Verbraucher zum Marktpreis verkauft wird. Der Solarstrom wird dabei in das öffentliche Netz eingespeist. Beim ausgewählten Modell besteht kein Anspruch auf eine Förderung in Form einer Marktprämie nach dem Erneuerbare-Energien-Gesetz (EEG) oder einer Einspeisevergütung. Es fallen zudem Abgaben und Umlagen an, falls der produzierte Solarstrom mit der Weiterleitung über das öffentliche Stromnetz an Verbraucher geliefert wird. Ebenfalls können weitere Entgelte durch das Ausstellen von Herkunftsnachweisen vom Umweltbundesamt erzielt werden [40, S. 21-22].

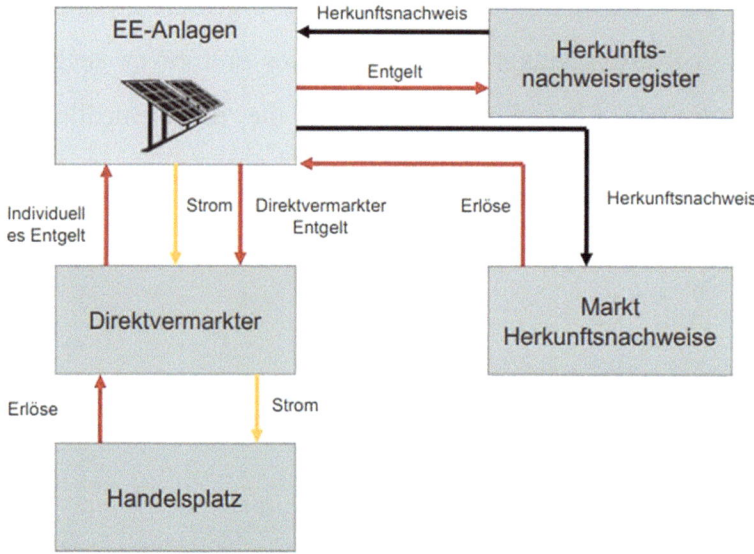

Abbildung 22: Sonstige Direktvermarktung [40, S. 22]

Die Intention der digitalen Lösung ist es, den solaren Deckungsgrad an Ladenpunkten zu maximieren. Hinsichtlich dessen ist es am sinnvollsten, immer wieder dieselben Autos zur selben Zeit – idealerweise tagsüber – und für eine möglichst lange Dauer an den Ladepunkten der PV-eCarport-Anlage laden zu lassen. Hierfür sind sogenannte Betriebsparkplätze am ehesten geeignet. Mögliche Kunden für die digitale Lösung respektive der gesamten PV-eCarport-Anlage sind Betreiber von E-Ladepunkten, virtuellen Kraftwerken und Versorgungsunternehmen wie den Stadtwerken. Die digitale Lösung wird dabei an diese verkauft. Diese installieren die Gesamtanlage mit dem Softwareprodukt auf einem Unternehmens-/Betriebsparkplatz und übernehmen ebenfalls weitere Aufgaben wie das Management der Anlage und die Vermarktung des Stroms. Parkplatzbesitzer profitieren von der Verpachtung ihrer Parkplätze.

Hinsichtlich der Produkt-Vision und des Hauptziels lässt sich sagen, dass es eine Grundidee für die Entwicklung des Softwareprodukts ist, ein kostengünstiges Laden der Elektrofahrzeuge durch eine intelligente Ladeverteilung zu ermöglichen.

4.2 Aktueller Entwicklungsstand des Produkts

Die Prämisse für die Vermarktung und Integration des Softwareprodukts in das ausgewählte Geschäftsmodell ist zunächst dessen Fertigstellung. In diesem Unterkapitel wird auf die einzelnen Komponenten der digitalen Lösung sowie deren aktuellen Entwicklungsstand eingegangen.

Die digitale Lösung besteht – wie Abbildung 20 zu entnehmen ist – aus der Steuerungssoftware der Anlage, einem Simulationstool, einer Datenbank sowie einer Applikation für den Endkunden bzw. den Nutzer der Ladestationen. Das Simulationstool dient dazu, die Produktion des Solarstroms in der PV-eCarport-Anlage in Abhängigkeit der Wetterdaten zu simulieren. Werden hierzu Wetterprognosen über eine Wetter-API (Programmierschnittstelle) bezogen, kann mit dem Simulationstool die solare Stromproduktion prognostiziert werden. Mithilfe der prognostizierten Stromerzeugungskurve kann in der Steuerungssoftware analysiert werden, wieviel des selbstproduzierten Stroms für welche Ladevorgänge genutzt werden kann. Dies erfolgt momentan manuell, soll jedoch langfristig vollautomatisiert durchlaufen. In der Datenbank werden die gesammelten und zur Verfügung stehenden Informationen verwaltet und gespeichert.

Momentan wird zudem eine Applikation für das Betriebssystem iOS entwickelt, mithilfe derer der Anwender Ladevorgänge buchen und verwalten kann. Eine Basis-Version der Applikation liegt bereits vor. Diese bietet außerdem die Möglichkeit zur Registrierung, zum Hinzufügen von Fahrzeugen sowie zur Angabe der Start- und Stoppzeit des Ladevorgangs. Die Daten (zur Anzahl der Fahrzeuge sowie spezifische Informationen zum Ladevorgang) werden an die Software weitergegeben.

4.3 Erarbeitung der Roadmap

4.3.1 Auswahl eines geeigneten Roadmap-Typs

Nach der theoretischen Ausarbeitung der verschiedenen Roadmap-Typen wird folgend eine Roadmap ausgewählt, die zum Softwareprodukt als passend angesehen werden kann. Dabei geschah die Auswahl des geeigneten Roadmap-Typs in drei Schritten (siehe Tabelle 3).

1. Schritt	Technologie- oder Produkt-Roadmap
2. Schritt	Traditionelle oder agile Produkt-Roadmap-Methode
3. Schritt	Art der agilen Produkt-Roadmap-Methode

Tabelle 3: Vorgehensweise bei der Roadmap-Erstellung für die digitale Lösung

Zunächst erfolgte die Beurteilung, ob eine Technologie- oder Produkt-Roadmap die Entwicklung der digitalen Lösung darstellen soll. Bei der Ausarbeitung der Roadmap für das Softwareprodukt steht dabei die Technologieentwicklung nicht im Vordergrund. Stattdessen wird die Darstellung des gesamten Softwareprodukts angestrebt. Aus diesem Grund wurde eine Produkt-Roadmap ausgewählt.

Im nächsten Schritt wird erörtert, welche Art der Produkt-Roadmap sich am ehesten für den vorliegenden Fall eignet. Dabei wird, wie bereits in 2.1.1 beschrieben, zwischen der traditionellen und der agilen Methode differenziert. In ersterer (der FB- und OF-Produkt-Roadmap) werden die entwickelten Produkte und Features in einem Zeitraum mit präzisen Meilensteinen und genauen Release-Daten dargestellt. Sie nimmt weder Bezug auf die Produktziele noch den Anwendernutzen. Die Intention dieser wissenschaftlichen Arbeit ist jedoch die langfristige Betrachtung der Produktentwicklung mit einer gezielten Übermittlung der Anwenderanforderungen und -bedürfnisse sowie der Produktziele. Durch die Darstellung des Anwendernutzens werden die Bedürfnisse und Vorgaben der Stakeholder an das Produkt in die Anforderungsermittlung der Roadmap-Komponenten miteinbezogen. Die agilen Produkt-Roadmap-Methoden (GO-, OD- und TB-Produkt-Roadmap) decken diesen Punkt des Produktnutzens sowie der Produktanforderungen zu einem großen Teil ab. Daher werden diese bei der Produktdarstellung der digitalen Lösung angewendet.

Schließlich muss eine begründete Auswahl zwischen einer der drei agilen Produkt-Roadmap-Praktiken getroffen werden. Die GO-Produkt-Roadmap stellt zwar die Produktziele dar, geht jedoch nicht auf die Bedürfnisse der Anwender ein. Daher sollte die Wahl für die digitale Lösung entweder auf die OD- oder die TB-Produkt-Roadmap fallen. Bei der TB-Produkt-Roadmap ist die Zeitdarstellung weniger detailliert und langfristiger ausgelegt als bei der OD-Produkt-Roadmap. Dabei kann auf der einen Seite in der kurzfristigen Betrachtung eine detaillierte Darstellung des Produkts realisiert werden. Auf der anderen Seite ist jedoch auch eine mehrjährige, grobe Darstellung der Produktentwicklung möglich. Dadurch können Features der digitalen Lösung, die bereits detailliert sind und genau in die Roadmap integriert werden können, in der kurzfristigen Betrachtung mit spezifischen Indikatoren wie der Angabe des Entwicklungsstandes und des Zeitfensters der Veröffentlichung implementiert werden. Durch das in 2.1.1 beschriebene Einfügen gezielter Bezeichnungen in den Zeitfenstern/-karten wie „Next" und „Future" ist auch die mehrjährige Darstellung möglich. So können bereits grobe Produktideen und -entwürfe in die Roadmap-Planung aufgenommen werden, ohne genaue Veröffentlichungsdaten oder Features zu integrieren. Ein weiterer Vorteil der TB-Produkt-Roadmap ist – wie zuvor erwähnt – die Angabe des Entwicklungsstandes. Die Stakeholder erhalten somit einen besseren Überblick über die Stadien der Produktentwicklung. Aufgrund der Aspekte des Anwendernutzens, genauso wie der längerfristigen Zeitdarstellung und der Angabe des Entwicklungsstandes fiel die Wahl für die Darstellung der Produktentwicklung der digitalen Lösung auf die TB-Produkt-Roadmap.

4.3.2 Anforderungsermittlung

Wie der in Kapitel 3 aufgezeigten Struktur zu entnehmen ist, folgt nach der Auswahl eines – für die digitale Lösung passenden – Roadmap-Typs, die Ermittlung der Produktanforderungen. Als Grundlage der weiteren Bearbeitung wurde dabei eine durch das Projektteam bereits zu Projektanfang aufgestellte Anforderungsliste genutzt (siehe Abbildung 23). Durch ein zusätzliches internes Brainstorming innerhalb von Teammeetings wurden weitere Anforderungen an das Produkt ermittelt sowie bestehende Anforderungen ergänzt.

Anforderungsliste für Steuerungssoftware	Auftrag:		
	Auftragsnummer:		
Anforderungen nach ISO 25010	Anforderungen		
	Minimal / Mindestens	Forderung / Zwischenstufe	Maximal / Ideal
Funktionalität			
Dynamisches Monitoring/Darstellung des Belegungzustands der Ladesäulen	2		20
Dynamsiches Monitoring/Darstellung der aktuellen Energiezustände	PV-Produktion, Ladezustand SBS, Ladezustand MBS, Netzabnahme		Andere im System angeschossene Energieverbraucher und produzenten
Darstellung der technischen Daten der installierten Ladesäulen	Ladebetriebsart nach DIN EN 61851-1, AC/DC mit Phasenzahl, Ladeleistung, Stecker-Typ		
Darstellung der Kommunkationsdaten zwischen Ladesäule und Fahrzeug	Basisdaten (Low Level) aus der Kommunikation zwischen IC-CPD und Fahrzeug		Zusatzdaten (High Level) nach DIN ISO 15118
Darstellung der Kundenwünsche	Reservierungen, Parkdauer bzw. Abholzeit, Ladezustand bei Abholung,		
Darstellung der Wetterdaten	von Datenbank		von Wetterstation
Konsistenzprüfung der Kundenwünsche		Kundenwünsche müssen widersprunfrei und realistisch sein	
Kontinuierliche Kommunikation zwischen Kunden und Betreiber möglich	Informieren des Kunden über Ladevorgang	Wunschänderung seitens Kunden während der Parkdauer möglich	Kommunikation der Vorschläge und Angebote während der Parkdauer
Aufruf der Basis-Funktionen der Ladesäulen	Booten, Aktivieren und Beenden des Ladevorgang, etc.		

Abbildung 23: Excel-Ausschnitt Anforderungsliste der Softwarekomponenten

Die Inhalte der Anforderungsliste lassen sich in Roadmap-Komponenten unterteilen. Anforderungen können wiederum in Themes sowie Goals und zugehörige Features aufgegliedert werden. Im Ausschnitt in Abbildung 23 ist das Theme Funktionalität dargestellt. Die darunter aufgelisteten Punkte sind die dazugehörigen Goals.

Waagerecht neben den Goals sind die jeweiligen Features abgebildet. Somit war die Basis für die Erstellung der zuvor ausgewählten TB-Produkt-Roadmap bereits gegeben. Die ermittelten Themes werden weiterhin in System- und Anwenderanforderungen unterteilt. Erstere sind hierbei die folgenden:

- Effizienz
- Sicherheit
- Funktionalität
- Kompatibilität & Übertragbarkeit
- Benutzbarkeit

Dabei liegt der Fokus auf der Entwicklung der Features der digitalen Lösung. Das Theme Produktlaunch und Vermarktung basiert hingegen auf den Bedürfnissen der Softwareanwender und ist somit eine Anwenderanforderung.

4.3.3 Priorisierung der Roadmap-Komponenten

Nachdem die Roadmap-Komponenten (Themes und Goals) ermittelt wurden, sind diese zu priorisieren.

Themes

Die Themes wurden nach der in Kapitel 3 erläuterten Methodik priorisiert. Die Formel setzt sich aus den Themes (System- und Anwenderanforderungen der Themes) und dem Geschäftsziel zusammen. Dabei werden die Themes unter Bezugnahme auf ihre Bedeutsamkeit für die Realisierung des Geschäftsziels priorisiert. Dazu muss dieses zunächst bekannt sein. In diesem Fall ist dies die Fertigstellung des Softwareprodukts und die anschließende Platzierung auf dem Markt innerhalb eines passenden Geschäftsmodells. Angefangen bei den Themes zu den Systemanforderungen des Produkts, wurden fünf Komponenten (Funktionalität, Wart-/Änder-/Benutzbarkeit, Effizienz, Sicherheit, Kompatibilität und Übertragbarkeit) ermittelt. In Bezug auf ihren Beitrag zum Erreichen des Geschäftsziels entstand schließlich diese Reihenfolge in der Bedeutsamkeit der Themes:

1. Funktionalität
2. Sicherheit
3. Effizienz
4. Wart-/Änder-/Benutzbarkeit
5. Kompatibilität und Übertragbarkeit

Die Funktionalität hat somit bei der Umsetzung des Geschäftsziels die höchste Priorität. Damit das Produkt fertiggestellt werden kann, muss es an erster Stelle entsprechend fehlerfrei betrieben werden. Ein sicherer Betrieb der Anlage sowie der Schutz der Daten sind ebenfalls essenziell, um die digitale Lösung veröffentlichen und auf den Markt bringen zu können. Die Software sollte zudem effizient arbeiten können und im Stande sein, erforderliche Reaktionszeiten zu erfüllen. Anschließend wurde die Wart-/Änder-/Benutzbarkeit als vierter Punkt angesetzt. Dieses Theme beinhaltet die Erstellung von Fehlermeldungen und Berichten. Damit kann das Produktteam vor Veröffentlichung des Softwareprodukts Verbesserungspotentiale erkennen und diese zur Zufriedenheit der Anwender und Dritten angehen. Als letzter

Punkt ist die Kompatibilität und Übertragbarkeit aufgeführt. Dieses Theme beschreibt langfristige Produktziele, die größtenteils erst nach Erreichen des Geschäftsziels umgesetzt werden. Somit ist diese Komponente von niedrigster Priorität. Zur Anwenderanforderung wird keine Priorisierung vorgenommen, da sie lediglich ein Theme beinhaltet.

Goals

Die Priorisierung der Goals wurde intern nach subjektivem Empfinden der Teammitglieder vollzogen. Bei der Funktionalität gestaltet sich das Ergebnis wie folgt:

1. Eingabe und Darstellung der technischen Daten aller Anlagenkomponenten
   Darstellung der Prozessdaten und Entwicklung der Schnittstellen zu allen Anlagenkomponenten
   Management der Ladevorgänge
   Steuerung der Anlagenkomponenten (Batteriespeicher, Ladesäule, PV)
2. Simulation des Anlagenbetriebes
3. Ermittlung der Wetterdaten
4. Kommunikation mit Endkunden (über App)
5. Speicherung der Daten

Die ersten vier aufgeführten Goals sind von höchster Priorität im Theme der Funktionalität. Die Darstellung der technischen Daten/Prozessdaten sowie die Entwicklung der Schnittstellen, das Management der Lastvorgänge und die Steuerung der Anlagenkomponenten sind dabei die Grundkomponenten der digitalen Lösung. Ohne das Erreichen dieser Goals kann das Softwareprodukt nicht zustande kommen. Als nächster Punkt kann die Simulation des optimalen Anlagenbetriebes genannt werden. Der externe Bezug von Wetterprognosen sollte ebenfalls gewährleistet sein, um entsprechende Stromerzeugungskurven darstellen und das Ladeverhalten des vom PV erzeugten Stroms managen zu können. Die Kommunikation mit Endkunden sowie die Speicherung kundenspezifischer Daten ist zum Schluss anzusetzen. Beide Punkte sind interessant, wenn es um die Fertigstellung des Produkts am Ende des Beta-Testings geht.

Beim Theme Sicherheit wird nach dieser Reihenfolge priorisiert:

1. Betriebs- und Anlagensicherheit
2. Daten- und IT-Sicherheit
3. Sichere Zahlungs- und Abrechnungsmethoden

Der sichere Betrieb der Anlage ist dabei von höchster Bedeutsamkeit, um Unfälle zu vermeiden. Wird dieser Punkt vernachlässigt oder zu niedrig priorisiert, ist mit sicherheitstechnischen Risiken der Anlage für die Anwender und Dritte und mit rechtlichen Konsequenzen für den Betreiber der Anlage sowie das Produktteam zu rechnen. Durch das Anbringen von Not-Aus-Einrichtungen können potenziell auftretende Risiken an der Anlage verringert oder vermieden werden. Die Vertraulichkeit, Verfügbarkeit und Integrität der Daten sind zudem wesentliche Bestandteile in der Informationssicherheit [41, S. 9]. Die Anwender der Software erwarten, dass die Daten sicher und verschlüsselt behandelt werden. Am niedrigsten priorisiert in diesem Theme wurde die sichere Abrechnung und Zahlung. Die Goals zum Theme Effizienz sind nachfolgend beginnend mit dem am höchsten priorisierten dargestellt:

1. Optimierung der Einhaltung erforderlicher physikalischer Reaktionszeiten im Anlagenbetrieb
2. Sicherstellung der marktüblichen Anlagenverfügbarkeit
3. Effiziente Verwaltung der Datenbanken

Durch die Einhaltung erforderlicher Reaktionszeiten reagieren die Anlagenkomponenten schnell auf Befehle. Das Goal der Sicherstellung der Anlagenverfügbarkeit ist ebenfalls von hoher Bedeutung. Letztere ist eine Kennzahl für den effizienten Betrieb der Anlage. Sie gibt Aufschluss darüber, wie groß der Anteil der geplanten Produktionszeit ist, in der eine Anlage tatsächlich produziert [42, S. 319-321]. Sollte die Verfügbarkeit niedrig sein, da gegebenenfalls die Anlage ungeplant stillsteht, können Anwender und Dritte diese nicht weiter nutzen. Zudem stellt der Ausfall der Anlage auch einen wirtschaftlichen Nachteil für den Betreiber dar. Die Verwaltung der in der Datenbank gespeicherten Daten mithilfe eines Datenbankmanagementsystems (DBMS) ist unter den drei aufgeführten Goals von niedrigster Relevanz. Mit der Verwaltung der Daten ist die Vollständigkeit und Verfügbarkeit von Daten der digitalen Lösung gewährleistet, die bei späterem Bedarf bereitgestellt werden können [43, S. 1-5]. Die Priorisierung der Goals zum Theme Wart-/Änder-/Benutzbarkeit gestaltet sich wie folgt:

1. Modulare Softwarestruktur
2. Benutzerfreundliche Softwarekomponenten
3. Automatische Erstellung von Fehlermeldungen, Diagnosen und Berichten

Durch die Anfertigung von Diagnosen, Berichten und Fehlermeldungen können vom Produktteam Umsetzungsmaßnahmen für die allgemeine Verbesserung und Fehlerfreiheit der Software entwickelt werden. Es dient der Optimierung der Software auf der Grundlage von Feedback und Fehler-/Problemmeldungen von Benutzern und anderen Interessengruppen und trägt dazu bei, das Produkt zu verbessern und seine Akzeptanz zu erhöhen. Das Theme Kompatibilität und Übertragbarkeit weist vier Goals auf:

1. Einbindung unterschiedlicher Technologien
2. Implementierung anderer Energieerzeuger/-verbraucher
3. Skalierbarkeit der Anlagengröße
4. Betrieb der Anlage als virtuelles Kraftwerk

Diese Goals sind alle auf die langfristige Produktentwicklung ausgelegt. Sie werden größtenteils realisiert, nachdem das Softwareprodukt fertiggestellt und auf dem Markt ist. Das Theme zur funktionalen Anforderung Produktlaunch und Vermarktung ist mit folgenden Goals priorisiert:

1. Testing und Qualifizierung
2. Firmenausgründung
3. Kundenakquise
4. Produktvermarktung
5. Produktversionen

Das erste Goal in diesem Theme weist die höchste Relevanz auf. Dort werden unter anderem die Zeiträume bis zur Fertigstellung ((Pre-)Alpha-/Beta-Testing-Phase) und Veröffentlichung (Phase der allgemeinen Verfügbarkeit) der digitalen Lösung aufgezeigt. Mithilfe dieser Angaben der Phasen werden die Stakeholder in den Prozess der Produktentwicklung miteingebunden. Im Goal Produktversionen werden Anpassungen der digitalen Lösung für die Integration in verschiedene Geschäftsmodelle behandelt. Zudem werden Marketingmethoden aufgezeigt, mithilfe derer potenzielle Kunden für die Implementierung in Geschäftsmodelle sowie Anwender für die Nutzung der (Pilot-)Anlage generiert werden. Geeignete Kunden für die Integration der digitalen Lösung in Geschäftsmodelle sind Betreiber von E-Ladepunkten/-virtuellen Kraftwerken und Versorgungsunternehmen wie Stadtwerke. Marketingmethoden könnten dabei Produktplatzierungen/-demonstrationen auf Fachmessen/-kongressen der Elektromobilität und Nachhaltigkeit sein sowie persönliche Einladungen an die Kunden zu internen Workshops und Veranstaltungen, bei denen die Funktionen der digitalen Lösung exemplarisch an einer Anlage präsentiert werden [44, S. 33-52, 45, S. 32-40]. Für die Produktvermarktung ist etwa das Digital Marketing anwendbar. Im Fokus stehen dabei das Social-Media-, Affiliate- und Content-Marketing [46, S. 197]. Zuletzt werden Zeitrahmen für die Firmenausgründung aufgezeigt.

4.3.4 Strukturauswahl und inhaltlicher Aufbau der Roadmap

In den vorherigen Kapiteln wurden die Roadmap-Komponenten ermittelt und priorisiert. Bevor die Roadmap für die digitale Lösung schließlich dargestellt werden kann, ist eine passende Struktur auszuwählen. In dieser sollen die ermittelten Roadmap-Komponenten strategisch sinnvoll eingegliedert werden, damit der Überblick über die Produktentwicklung nicht verloren geht.

Die hier gewählte Struktur respektive das Format der Darstellung ist eine Kombination aus Komponenten der Kanban- sowie der Timeline-Roadmap. Da sich die Roadmap-Komponenten größtenteils zeitlich überschneiden, ist eine Zeitdarstellung in Form von Timelines sinnvoll. Diese ist übersichtlicher und nachvollziehbarer für Stakeholder und Betrachter der Roadmap. Der Zeitrahmen hingegen wird – aufgrund der mehrjährigen, langfristigen Ansetzung der Produktentwicklung – analog zu Kanban-Roadmaps, mit Zeitkarten/-fenstern versehen. Letztere weisen in der kurzfristigen Betrachtung Bezeichnungen von einzelnen Quartalen des aktuellen Jahres auf, in der mittelfristigen Betrachtung enthalten sie die nächsten Jahre und für die langfristige Betrachtung sind Bezeichnungen wie „Next" oder „Future" einzugliedern.

Die Roadmap-Komponenten (Themes, Goals und Features) sind waagerecht und jeweils untereinander in der Roadmap platziert. Mit diesem visuellen Ansatz ist eine zeitliche Überschneidung darstellbar. Dabei weist das Theme, das am weitesten oben angebracht ist, die höchste Priorität auf. Die Prioritäten nehmen nach unten hin ab. Dasselbe gilt für die Goals. Diese sind, analog zu den Themes, nach ihrer Bedeutsamkeit geordnet. Die Themes werden zudem visuell nach der Art der Anforderungen angeordnet. Die Systemanforderungen sind dabei in einem getrennten Block von der Anwenderanforderung dargestellt.

Da sich die Roadmap-Darstellung an dem TB-Produkt-Roadmap-Ansatz in Abbildung 8 orientiert, sind teilweise Entwicklungsstadien bei den Features der Systemanforderungen dargestellt. Die Entwicklungsstadien beziehen sich auf die in 2.2.3 beschriebenen Teststadien (Unit-, Integration-, System-, Abnahmetest). Sie sind unter der Roadmap in einer Legende beschrieben und farblich gekennzeichnet. Durch die Angabe der Teststadien erkennen Betrachter sofort, in welchem spezifischen Stadium der Entwicklung sich die einzelnen Features befinden. Bei der langfristigen Ansetzung der Goals wird teilweise auf Features verzichtet, da noch keine weiteren Details bekannt sind. Die langfristigen Goals sind in weiß gekennzeichnet, wohingegen die kurz- bis mittelfristigen Goals entweder mit den Farben der Software-Teststadien oder – falls die Goals sich in keinem Teststadium befinden – grau markiert sind. In der Anwenderanforderung wird auf die vier Phasen von Melissa Perri [11, S. 144-145] (Experiment-, Alpha-, Beta-Phase, Phase der allgemeinen Verfügbarkeit) verwiesen. Die erste Phase, die Experiment-Phase, ist vernachlässigbar, da das Produkt in der Entwicklung bereits weiter fortgeschritten ist. Die drei aufgeführten Phasen beziehen sich dabei auf das gesamte Softwareprodukt. Analog zum TB-Produkt-Roadmap-Ansatz ist unterhalb der Roadmap und neben der Legende der Teststadien, ein Disclaimer angebracht. Dieser schließt die Haftung des Produktteams bei Nichterfüllung oder Änderung der Roadmap-Inhalte (hinsichtlich der Struktur, Komponenten oder des Zeitrahmens) aus. Oberhalb der Roadmap ist die Produkt-Vision aufgeführt.

4.3.5 Implementierung eines Zeitrahmens

Der letzte Schritt im Prozess der Roadmap-Entwicklung der digitalen Lösung ist die Angabe des zu berücksichtigenden Zeitrahmens in der Zeitleiste. Letztere wird dabei – wie zuvor beschrieben – in Zeitfenster/-karten unterteilt. Folgende Bezeichnungen werden den Zeitfenstern zugewiesen:

- In der kurzfristigen Darstellung: Q1 2023/Q2 2023/Q3 2023/Q4 2023
- In der mittelfristigen Darstellung: 2024/2025/2026
- In der langfristigen Darstellung: Future

4.4 Grafische Darstellung der Roadmap

Die Roadmap-Darstellung richtet sich nach den Kriterien der Struktur und des inhaltlichen Aufbaus in 4.3.4. Die Priorisierung der Roadmap-Komponenten (Themes und Goals) wurde bereits beschrieben, sodass nun insbesondere auf die Features und die Gründe für die Erstellung des gewählten Zeitrahmens eingegangen wird.

Das aktuelle Projekt wird im ersten Quartal dieses Jahres abgeschlossen und die Bearbeitung des Folgeprojekts beginnt voraussichtlich im Jahr 2024. Dementsprechend sind die Zeitfenster für das zweite bis vierte Quartal im Block der Systemanforderungen vernachlässigbar und klein gehalten. Das zweite bis vierte Quartal finden ausschließlich Gebrauch bei der Berücksichtigung der Vorbereitung der Firmenausgründung sowie der Kundenakquise im Block der Anwenderanforderungen. Die Themes Funktionalität und Wart-/Änder-/Benutzbarkeit weisen zu einem großen Teil Features auf, die zur Fertigstellung des aktuellen Projekts beitragen. Die anderen Themes (Sicherheit, Effizienz, Kompatibilität und Übertragbarkeit) im Block der Systemanforderungen sind dabei weitestgehend für das Folgeprojekt respektive die langfristige Produktentwicklung ausgerichtet.

Im Block der Anwenderanforderungen sind die Hauptfeatures das Aufzeigen der verschiedenen Entwicklungsstadien, die Möglichkeiten und Methoden zur Softwareoptimierung und Kunden-/Anwenderakquise sowie die Produktvermarktung auf (Fach-)Messen und in Form von Demonstrationen in einer Pilot-Anlage. Die Entwicklungsstadien sind unterteilt in die Pre-Alpha-Testing-Phase (aktuelles Projekt) und in die Alpha- bzw. Beta-Testing-Phase (Folgeprojekt). Langfristig gesehen kommt die Phase der allgemeinen Verfügbarkeit (Marktplatzierung) noch hinzu. In der Pre-Alpha-Testing-Phase gibt es eine offene Version der digitalen Lösung ohne eine spezifische Anwendung. Die Anlage befindet sich zudem im Versuchsaufbau in der Einsatzumgebung. In der Phase werden Fallstudien, Markt- und Geschäftsmodellanalysen durchgeführt. Die Alpha- bzw. Beta-Testing-Phase sind die letzten Phasen vor der Marktplatzierung des Produkts. In der Phase wird die Software optimiert und nach Kundenanforderungen/-bedürfnissen angepasst sowie eine Pilotanlage gebaut, um das Produkt potenziellen Kunden vorstellen zu können.

Die Anlage ist dabei ein qualifiziertes und ausgebautes System im Einsatzbereich. Die Phase der allgemeinen Verfügbarkeit beinhaltet letzte Softwareanpassungen für weitere Anwendungen bzw. Geschäftsmodelle sowie den Ausbau einer Internet-Präsenz. Die Phase ist zukunftsorientiert und enthält aus diesem Grund Features wie die Implementierung von Wasserstoffspeichern/-tankstellen und die Integration anderer Energieerzeuger, Speichertechnologien und Ladepunktarten.

Die Darstellung der Roadmap der digitalen Lösung befindet sich aufgrund der Größe der Grafik auf einer separaten DIN-A2-Seite am Ende der Bachelorarbeit.

5 Zusammenfassung und Ausblick

Das Ziel dieser wissenschaftlichen Arbeit ist die strategische Darstellung der Entwicklung eines Softwareprodukts anhand einer Roadmap. Dieses ist eine digitale Lösung zum Lastmanagement einer PV-eCarport-Anlage. Im Kapitel Stand der Forschung wurden dazu zwei Roadmap-Arten (Produkt- und Technologie-Roadmap) und mehrere Roadmap-Typen (traditionelle und agile Produkt-Roadmap) identifiziert. Ebenso wurde auf die innere sowie äußere Struktur von Roadmaps (Timeline-/Kanban-Roadmaps) verwiesen. Des Weiteren wurden Entwicklungs-/Teststufen einer Software aufgezeigt, um die Informationen später in der Roadmap nutzen zu können.

Im nächsten Schritt wurde eine Methodik zur Strukturierung der Roadmap-Entwicklung erarbeitet. Dabei wurde zunächst eine für die digitale Lösung passende Roadmap ausgewählt. Danach wurden die Roadmap-Komponenten ermittelt und priorisiert. Es folgte die Wahl der Struktur der Roadmap und die strategisch sinnvolle Platzierung der Inhalte.

Die TB-Produkt-Roadmap stellt die Produktentwicklung der digitalen Lösung dabei am geeignetsten dar. In dieser werden die Anforderungen (System- und Anwenderanforderungen) an das Produkt, genauso wie Produktziele und sämtliche Features, berücksichtigt. Dadurch, dass das Geschäftsziel sowohl in der Fertigstellung der digitalen Lösung als auch der anschließenden Marktplatzierung und Integration in Geschäftsmodelle besteht, sollte der Zeitraum der Produktentwicklung kurz- bis langfristig ausgelegt sein. Die TB-Produkt-Roadmap ermöglicht sowohl eine kurz- als auch langfristige Darstellung durch entsprechende Bezeichnungen (Q1 2023, 2024, Future) in der Zeitleiste. Die Zeitdarstellung mit den aufgezeigten Bezeichnungen entspricht dabei der äußeren Struktur einer Kanban-Roadmap. Die innere Struktur der TB-Produkt-Roadmap für die digitale Lösung ist zudem nach derjenigen einer Timeline-Roadmap aufgebaut, sodass eine zeitliche Überschneidung der Roadmap-Komponenten übersichtlich darstellbar ist. Die Features sind in der kurzfristigen Darstellung mit der Angabe des Entwicklungsstandes (Unit-/Integration-/System-/Abnahmetest) versehen. Ebenso werden die Entwicklungsstufen ((Pre-)Alpha-/Beta-Testing-Phase) bis zur

Fertigstellung der digitalen [47] Lösung sowie der Marktplatzierung (Phase der allgemeinen Verfügbarkeit) im funktionalen Theme Produktlaunch & Vermarktung aufgezeigt. Durch beide Angaben wird die Roadmap nachvollziehbarer für Stakeholder und Betrachter. Für die spätere Integration der digitalen Lösung in Geschäftsmodelle sind Zeiträume für die Marketingmethoden zur Neukundenakquise sowie Anpassungen der digitalen Lösung aufgeführt.

Die TB-Produkt-Roadmap der digitalen Lösung orientiert sich an der agilen Softwareentwicklungsmethode und kann daher im Laufe der Entwicklung durch sich ändernde Anwenderbedürfnisse/-anforderungen Anpassungen des zeitlichen Rahmens und einzelner Roadmap-Komponenten erfordern. Die Anpassung der Roadmap – vor allem des Zeitrahmens – richtet sich danach, ob und wann ein Folgeprojekt zustande kommt. Im Falle einer Firmenausgründung könnten ebenfalls neue Themes hinzukommen. Durch die Implementierung eines Disclaimers wird das Produktteam jedoch bei Änderungen der Roadmap-Inhalte und -Struktur oder bei Nichterfüllung aufgeführter Zeiträume und Goals nicht haftbar gemacht. Die Roadmap-Orientierung ist für alle, die zukünftig mit PV-eCarports zu tun haben. Dazu können Entwickler genauso wie Anwender zählen.

Literaturverzeichnis

[1]   T. Koska, P. Schneider, A. Wetzchewald und S. Ramesohl, *Ein nachhaltiges Mobilitätssystem für alle: 8 Thesen für den Weg in die digitalisierte Verkehrswende*, 2021.

[2]   H. J. Schellnhuber, S. Rahmstorf und R. Winkelmann, „Why the right climate target was agreed in Paris," *Nature Clim Change*, Jg. 6, Nr. 7, S. 649–653, 2016.

[3]   M. Severin, T. Bierkandt, M. Köhler und M. Zwanzig, *Forschen für saubere Kraftstoffe: Mit synthetischen Kraftstoffen die Klimaschutzziele im Verkehrssektor erreichen*, 2019.

[4]   „PV-eCarPort: Digitalisierte Photovoltaik Energie-Carports für großflächige Parkplätze," Solar-Institut Jülich (SIJ), Fachhochschule Aachen, Jülich.

[5]   F.-E. Riakhi und A. Khaldoun, „PV Sizing of a Grid Connected Solar Carport System Linked to Charging Stations and its Economic Analysis," in *9th International Renewable 2021*.

[6]   R. N. Kostoff und R. R. Schaller, „Science and Technology Roadmaps," in *IEEE Transactions on Engineering Management*, Bd. 48, S. 132–143.

[7]   J. Munch, S. Trieflinger und D. Lang, „Product Roadmap – From Vision to Reality: A Systematic Literature Review," in *2019 IEEE International Conference on Engineering,*, S. 1–8.

[8]   K. Rautiainen, C. Lassenius, J. Vahaniitty, M. Pyhajarvi und J. Vanhanen, „A Tentative Framework for Managing Software Product Development in Small Companies," in *Proceedings of the 35th Hawaii International Conference on System Sciences - 2002*, S. 3409–3417.

[9]   R. Pichler, *Strategize: Product Strategy and Product Roadmap Practices for the Digital Age*. Pichler Consulting, 2022.

[10] S. Trieflinger, J. Münch, E. Bogazköy, P. Eißler, J. Schneider und B. Roling, „Product Roadmap Formats for an Uncertain Future: A Grey Literature Review," in *Fachtagung Software Management 2021*, S. 55–71.

[11] M. Perri, *Raus aus der Feature-Falle: Wie effektives Produktmanagement echten Mehrwert schafft*. Heidelberg: O'Reilly, 2020.

[12] S. Trieflinger *et al.*, „Product Roadmapping Processes for an Uncertain Market Environment: A Grey Literature Review," in *Lean and Agile Software Development* (Lecture Notes in Business Information Processing 408), A.

Przybyłek, A. Jarzębowicz, I. Luković und Y. Y. Ng, Hg., Springer, 2021, S. 111–129.

[13] C. T. Lombardo, B. McCarthy, E. Ryan und M. K. Connors, *Product roadmaps relaunched: How to set direction while embracing uncertainty.* O'Reilly Media, 2017.

[14] U. Kusay-Merkle, *Agiles Projektmanagement im Berufsalltag: Für mittlere und kleine Projekte,* 2. Aufl. Springer Gabler, 2018.

[15] M. Glück, *Agile Innovation: Mit neuem Schwung zum Erfolg.* Springer Vieweg, 2022.

[16] S. Trieflinger, J. Münch, D. Petrik und D. Lang, „Why Traditional Product Roadmaps Fail in Dynamic Markets: Global Insights," in *Product-Focused Software Process Improvement* (Lecture Notes in Computer Science 13709), D. Taibi, M. Kuhrmann, T. Mikkonen, J. Klünder und P. Abrahamsson, Hg., Springer, 2022, S. 382–389.

[17] J. Münch, S. Trieflinger und D. Lang, „Why feature-based roadmaps fail in rapidly changing markets:: A qualitative survey," in *SiBW 2018*, S. 202–218.

[18] B. Eremit und K. F. Weber, *Individuelle Persönlichkeitsentwicklung: Growing by Transformation: Quick Finder - Die wichtigsten Tools im Business Coaching.* Springer Gabler, 2015.

[19] M. Dietrich, *Digitales Shopfloor Management in SAP-Systemumgebungen: Roadmap und Lösungsalternativen für die Umsetzung.* Springer Vieweg, 2020.

[20] S. Mewes, „Wirkungsorientiertes Produktmanagement mit OKR: Erfolgreiche Produkte bauen durch Fokus, Kommunikation und gemeinsames Lernen," in *Digitales Produktmanagement: Methoden – Instrumente – Praxisbeispiele*, S. Hoffmann, Hg., Springer Gabler, 2020, S. 103–120.

[21] J. Gothelf. „What does an agile product roadmap look like?" https://medium.com/@jboogie/what-does-an-agile-product-roadmap-look-like-cf0dbe5be4ef (Zugriff am: 23. Januar 2023).

[22] I. Petersen, „Nutzerzentrierte Produktvisionen: Im Team entwickeln und erfolgreich einsetzen," in *Digitales Produktmanagement: Methoden – Instrumente – Praxisbeispiele*, S. Hoffmann, Hg., Springer Gabler, 2020, S. 29–41.

[23] J. Gochermann, *Technologiemanagement: Technologien erkennen, bewerten und erfolgreich einsetzen.* Springer Gabler, 2020.

[24] R. Phaal, J. C. Farrukh und D. R. Probert, „Characterisation of Technology Roadmaps: Purpose and Format," in *Institute for Manufacturing, University of Cambridge*, S. 367–374.

[25] M. Roos und M. Siegmann, „Technologie-Roadmap für das autonome Autofahren: Eine wettbewerbsorientierte Technik- und Marktstudie für Deutschland," Hans-Böckler-Stiftung, Rep. 188, 2020.

[26] A.-A. Schaller und R. Vatananan-Thesenvitz, „Der Geschäftsmodellinnovations-Roadmap Ansatz für die digitale Transformation," in *Digitalisierung: Fallstudien, Tools und Erkenntnisse für das digitale Zeitalter*, D. R. Schallmo, K. Lang, T. Werani und B. Krumay, Hg., Springer Gabler, 2023, S. 437–446.

[27] R. Phaal, C. Farrukh und D. Probert, *Technology Roadmapping: Linking technology resources to business objectives*. Centre for Technology Management, University of Cambridge, 2001.

[28] Y. Beng Leau, W. Khong Loo, W. Yip Tham und S. Fun Tan, „Software Development Life Cycle AGILE vs Traditional Approaches," *IPCSIT*, Jg. 37, 2012.

[29] Sarang Shaikh und Sindhu Abro, „Comparison of Traditional & Agile Software Development Methodology: A Short Survey," *International Journal of Software Engineering and Computer Systems (IJSECS)*, Jg. 5, Nr. 2, S. 1–14, 2019.

[30] O. Nikiforova, V. Nikulsins und U. Sukovskis, „Integration of MDA Framework into the Model of Traditional Software Development," *Frontiers in Artificial Intelligence and Applications, Databases and Information Systems*, Jg. 187, S. 229–239, 2009.

[31] V. Szalvay, „An introduction to agile software development," S. 1–11, 2004.

[32] T. Dybå und T. Dingsøyr, „Empirical studies of agile software development: A systematic review," *Information and Software Technology*, Jg. 50, 9-10, S. 833–859, 2008.

[33] M. A. Jamil, M. Arif, N. S. A. Abubakar und A. Ahmad, „Software Testing Techniques: A Literature Review," in *2016 6th International Conference on Information and Communication Technology for The Muslim World*, S. 177–182.

[34] D. W. Hoffmann, *Software-Qualität*, 2. Aufl. (eXamen.press). Springer Vieweg, 2012.

[35] Luo, Lu und Carnegie, „Software Testing Techniques Technology Maturation and Research Strategies," Technical Report, Institute for Software Research International, Carnegie Mellon University / Software Engineering, 2010.

[36] J. A. Whittaker, „What is Software Testing? And Why Is It So Hard?," Florida Institute of Technology, 2000.

[37] J. Irena, „Software Testing Methods and Techniques," S. 30–35, 2008.

[38] I. Computer Society Professional Practices, Hg., *Guide to the Software Engineering Body of Knowledge*, 2004.

[39] E. F. Miller, „Introduction to Software Testing Technology: Software Testing & Validation Techniques," *IEEE*, S. 4–16, 1981.

[40] M. Linnemann, *Post-EEG-Anlagen in der Energiewirtschaft: Praxishilfe für Energieversorgungsunternehmen und Anlagenbetreiber zum Umgang mit ausgeförderten Anlagen.* Springer Vieweg, 2021.

[41] A. Sowa, „Wichtige Begriffe rund um Informationssicherheit," in *Management der Informationssicherheit*, A. Sowa, Hg., Springer Vieweg, Wiesbaden, 2017, S. 5–15.

[42] E. Trunzer, B. Vogel-Heuser und C. Vermum, „Datengetriebene Diagnose von Regelarmaturen zur Steigerung der Anlagenverfügbarkeit," in *VDI-Berichte*, Bd. 2330, S. 319–328.

[43] F. Herrmann, *Datenorganisation und Datenbanken: Praxisorientierte Übungen mit MS Access 2016.* Springer Vieweg, 2018.

[44] U. Reusche und T. Reichert, *Die B2B-Sales-Matrix: Strategische Akquise planen und systematisch umsetzen.* Springer Gabler, 2017.

[45] D. S. ter Weiler, D. S. ter Weiler, K. Ludwigs, B. M. Lindenberg und B. Jopen, *Messen machen Märkte: Eine Roadmap zur nachhaltigen Steigerung Ihrer Messeerfolge,* 9. Aufl. Springer Gabler, 2016.

[46] V. Desai, „Digital Marketing: A Review," *IJTSRD*, Jg. Special Issue, FIIIIPM2019, S. 196–200, 2019.

[47] A. Sowa, Hg. *Management der Informationssicherheit.* Springer Vieweg, Wiesbaden, 2017.

[48] E. Hanser, *Agile Prozesse: Von XP über Scrum bis MAP* (eXamen.press). Springer, 2010.

[49] T. M. Lenton, „Environmental Tipping Points," *Annu. Rev. Environ. Resour.,* Jg. 38, S. 1–29, 2013.

[50] A. Kleber und J. Richter-Krautz, *Klimawandel FAQs: Fake News erkennen, Argumente verstehen, qualitativ antworten.* Springer, 2022.

[51] O. Mackert, T. Hildenbrand und A. Podbicanin, „Vom Projekt zum Produkt: SAP's Weg zum „Lean Software Product Development","" in *Vom Projekt zum Produkt: Fachtagung des GI-Fachausschusses Management der Anwendungsentwicklung und -wartung im Fachbereich Wirtschaftsinformatik (WI-MAW)* (GI-Edition lecture notes in informatics P, Proceedings 178), W. Pietsch und B. Krams, Hg., Ges. für Informatik, 2010, S. 13–25.

[52] BC Forschungsgesellschaft, *Software-Kauf und Pflichtenheft: Leitfaden und Arbeitshilfen für Kauf, Entwicklung und Beurteilung von Software.*

[53] M. Unterauer, *Workshops im Requirements Engineering: Methoden, Checklisten und Best Practices für die Ermittlung von Anforderungen,* 2. Aufl. dpunkt.verlag, 2020.

[54] Inge van de Weerd, Sjaak Brinkkemper, Richard Nieuwenhuis, Johan Versendaal und Lex Bijlsma, „Towards a Reference Framework for Software Product Management," in *14th IEEE International Requirements Engineering Conference (RE'06)*, S. 1–4.

Glossar

Begriff	Definition/Erklärung
Crystal-Methode	Zusammenstellung von agilen Prozessmodellen, die nach Farbe und Härtegrad differenziert und unterteilt werden. Die Farbe entspricht dabei der Teamgröße und der Härtegrad der Schwere des Schadens, die die zu betrachtende Software anrichten kann [48, S. 47].
Extreme Programming (XP)	Smalltalk-Projekt mit fünf Werten. Darunter fällt die Kommunikation, das Feedback seitens der Anwender sowie ein guter Umgang miteinander – sowohl innerhalb des Teams wie auch zu den Kunden respektive Anwendern [48, S. 13-17].
Inkrement	Die neu entwickelte Funktionalität der Software am Ende des Zeitraums der Iteration. Durch mehrere Inkremente entsteht eine neue Version oder ein neues Release der Software [48, S. 5].
Integrität	Neben der Verfügbarkeit und Vertraulichkeit eines der Ziele der Informationssicherheit. Die Softwaredaten sind vollständig und unverändert. Ein Verlust der Integrität bedeutet beispielsweise ein unerlaubtes Verändern von Daten oder internen Informationen [41, S. 9].
Iteration	Zeitliche Abschnitte des Entwicklungsprozesses, in denen neue Funktionalitäten der Software integriert werden [48, S. 5].
Kipppunkte	Verursachen unumkehrbare und kaum abschätzbare Veränderungen im Klimasystem. Sie können bei Überschreitung der im Pariser Abkommen festgelegten Klimaschutzziele erreicht werden. Kipppunkte sind in die Bereiche Schmelze, Zirkulation und Biodiversität aufgeteilt [49, S. 1, 50, S. 379-383].
Lean Software-Entwicklung	Agile Methode, die eine verstärkte Ausrichtung der Entwicklungsprozesse auf den Kunden bzw. Kundennutzen legt [51, S. 13].
Objectives und Key Results (OKR)	Ermöglichen die Überprüfung des Fortschritts festgelegter Ziele (Objectives) durch mehrere messbare Ergebniskriterien (Key Results) [20, S. 105-109].

Pflichtenheft	Softwareanforderungen werden systematisch und detailliert aufgeführt. Während des Entwicklungsprozesses wird es schrittweise verfeinert. Das Pflichtenheft ist sowohl für die Entwickler/Programmierer als auch den Anwender bestimmt [52, S. 39].
Scrum	Im Vordergrund dieser agilen Methode steht nicht die Zusammenarbeit des Teams und die Teamstruktur, sondern der Ablauf des Projekts [48, S. 61].
S.M.A.R.T-Methode	Ziele sollten eindeutig formuliert sein (Specific), die Erfüllung sollte zu jeder Zeit kontrollierbar sein (Measurable), sie sollten von allen Stakeholdern und Teammitgliedern akzeptiert sein (Accepted) sowie realistisch angesetzt (Realistic). Zudem in einem festgesetzten Zeitrahmen umsetzbar (Timely) [18, S. 93-97].
Stakeholder	Alle in dem Projekt involvierten Parteien, die Einfluss auf die Produktanforderungen haben. Dazu zählen Geschäftspartner, genauso wie Softwareanwender und Abteilungen der Firma [13, S. 6, 53, S. 63, 54, S. 2-3].

Anhang

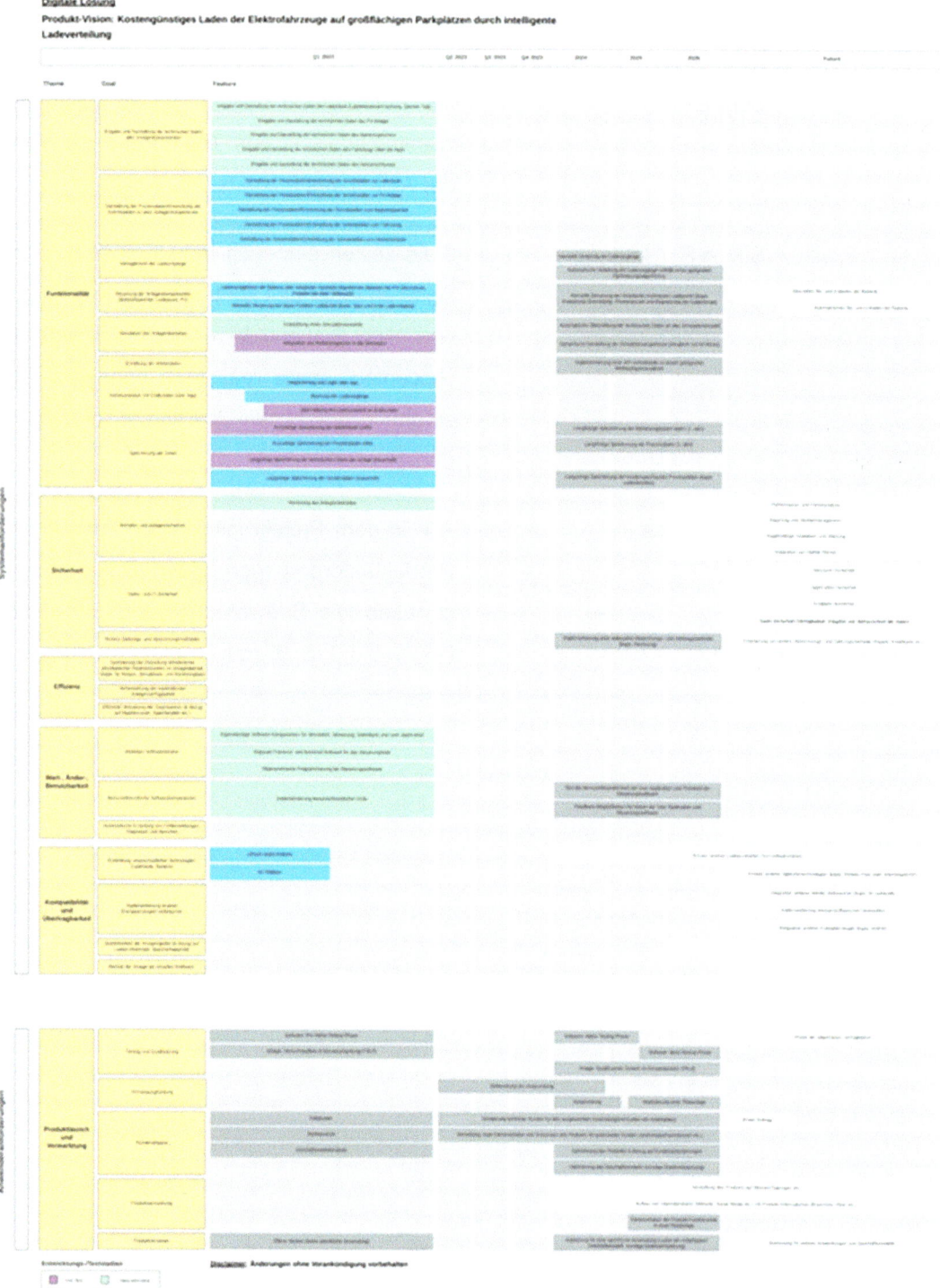